遊走邊緣的國度

那些被遺忘的流亡行李—巴勒斯坦

The Forgotten Heritage in Palestine

الميراث المنسي في فلسطين

H

H

致力於人道援助與發展議題的跨學科實踐者，曾就讀倫敦大學亞非學院（SOAS, University of London）與國立臺北藝術大學，關注議題與研究面向包含移民、難民、邊緣衝突、藝術與文化遺產等。

致一路同行者

致生活於那塊土地所遇之人

目錄

前言——重返邊緣國度

耶路撒冷現場：到處都是密不透風的邊界，還有分割一切的牆[1]

戰爭開始前，我在巴勒斯坦西岸經歷了突發的催淚彈投擲事件。接著，無預警的戰爭開始了。

二〇二三年十月七日（週六）的早晨，住棚節（סוכות，Sukkot）結束後的第一個安息日，我在警報聲響中醒來，聽見遠方傳來以色列鐵穹系統攔截飛彈的聲音，碰碰碰的聲響就在住所不遠處。我還不確定那是不是夢，但手機每秒不斷跳出空襲警報的訊息。驚醒後，查閱以色列警報網站內容與相關新聞，才知道治理加沙走廊（Gaza Strip；又稱加薩地帶）的伊斯蘭激進組織（簡稱哈馬斯，Hamas）從以色列時間早上六點開始，就不

---

[1] 本文收錄自 H（2023）。〈耶路撒冷現場：到處都是密不透風的邊界，還有分割一切的牆〉。刊登於端傳媒 https://theinitium.com/article/20231009-international-jerusalem-live-report（2023.10.09）。

斷向以色列境內發射五千枚飛彈。這時耶路撒冷的街道依舊安靜，家家戶戶還在安睡之中。

周六的襲擊也恰好發生在一九七三年「第四次以阿戰爭」（Yom Kippur War；又稱為贖罪日戰爭、齋月戰爭）的五十週年。那一年，以色列的阿拉伯鄰國於十月六日——猶太曆中最神聖的贖罪日——對以色列發動了突襲。在那之後，哈馬斯和以色列之間的最後一次戰爭是在二〇二一年，這場戰爭持續了十一

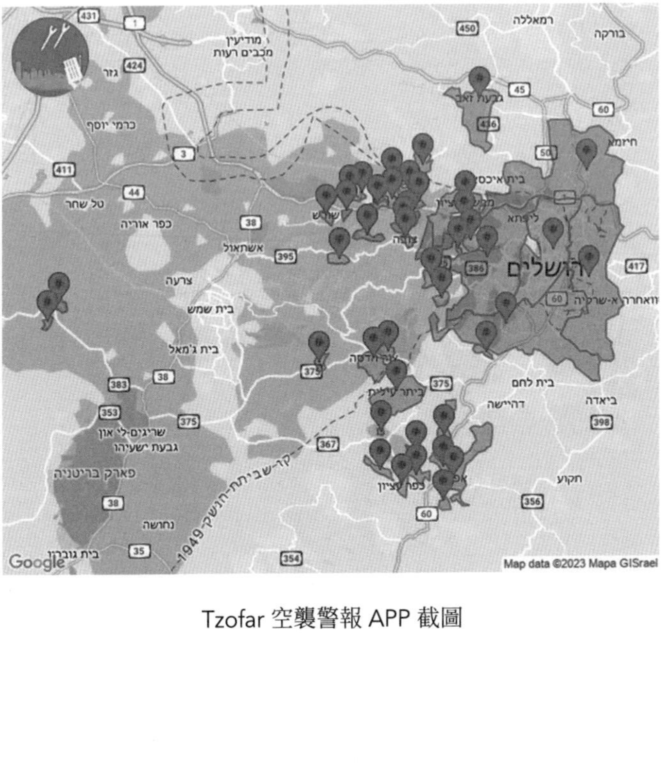

Tzofar 空襲警報 APP 截圖

天，造成加沙至少二百五十人死亡，以色列十三人死亡。而在二〇二三年十月七日，「阿克薩風暴」（Al-Aqsa Storm）襲擊截至目前為止（本文刊出時間為二〇二三年十月九日），以色列當局聲稱已造成七百多人死亡，數千人受傷，許多人被挾持作為人質；而加沙死亡人數上升至四百三十六人，逾兩千兩百人受傷，以色列切斷該地區的供電，使醫療變得更加艱困。而在哈馬斯發動「阿克薩風暴」行動開始後，以色列持續對加沙走廊進行空襲，於週日正式向哈馬斯宣戰。

這樣的場景，是所有人在二〇二三年九月二十九日至十月八日住棚節與聖會節（Shemini Atzeret）期間未能料想到的。而此次自己來以色列，也因為是剛好有短暫休假，所以去體驗一下住棚節節慶活動。

住棚節是猶太教三大節之一，慶祝時間約莫為每年秋季時，依希伯來曆於提斯利月十五日（公曆九月至十月間）開始，連續七天。該節日是為紀念古代以色列人離開埃及之後，在曠野中飄流四十年期間所住的棚屋，因此節慶期間會看到民居或餐廳門外搭起臨時棚屋。棚屋在希伯來語中為 Sukkah，猶太人在節日期間，會於棚屋內進餐、款待客人、休息或睡覺。在住棚節七天期間，猶太人每日前往西牆祈禱，律法書規定必須手握四樣植物搖動，分別為棗椰樹的（לולב，lulav）葉子、香桃木的（הדס，hadass）枝條、柳樹的（ערבה，aravah）枝條和香櫞的（אתרוג，etrog，類似檸檬）果實。節日期間，所有人如常祈禱、生活、與家人聚會。

我在住棚節的最後幾日，來到老城的西牆，遠遠看著密密麻麻的人們面著西牆祈禱。節日期間，大批猶太人與外國朝聖者湧入耶路撒冷，而且有數千名以色列民眾在極端民族主義團體呼籲下，對位於巴以問題核心位置的耶路撒冷聖殿山的阿克薩（Al-Aqsa）清真寺進行挑釁性的參觀行動。在住棚節第五日，許多猶太極端主義派衝入阿克薩清真寺，再一次引發雙方衝突。整座耶路撒冷蔓延著說不上來的緊張氛圍。

「你忘了嗎？這是我們的日常。」

在住棚節結束的隔天，十月五日，我一早來到大馬士革門外納布盧斯路上的公車站，坐上二一八路公車，前往巴勒斯坦西岸拉姆安拉（Ramallah），拜訪一位許久未見的朋友Ａ。

Ａ是巴勒斯坦人，來自東耶路撒冷，現時住在巴勒斯坦西岸。她持有藍色居留證——即是相對持有綠色居留證的巴勒斯坦人，她可以相對自由進出西岸。我在二〇一八年於拉姆安拉參與藝術再造計畫時認識Ａ，由於東耶路撒冷的生活較為壓迫，她後來決定與老公與孩子搬至西岸。

一如預期，公車尚未抵達卡蘭迪亞檢查站 (Qalandia Checkpoint) 時，已堵在車陣中動彈不得，僅能以時速十公里的速度緩慢前進。一小時後，車子終於順利通過檢查站，卻又塞在隔離牆另一端的車陣中。這樣的交通壅塞通常源自控制通行隔離牆兩側的檢查站針對每輛車逐一盤查，而城市規劃的不完全也影響車輛順利通行。看我等得愈發不耐煩，A揶揄：「你忘了嗎？這是我們的日常。」

每當跨越巴以邊境，最先經歷的是對當地人再熟悉不過的檢查站與隔離牆。進入西岸的車輛無需檢查，直接放行，但當要回到以色列控管的區域，則需經過檢查站與例行證件檢查。這堵將土地劃分開來的牆、重重的檢查站，以及不同顏色的身份證明，不停切割著巴勒斯坦人之間的緊密聯繫。

然而，身為一名旅行者、外國人、觀光客、外來者，我還是能夠輕易跨越邊界來回移動。但每次踏上這塊土地，移動於各民族間與橫越各領土間時，我仍舊感受到諸多移動的限制刻畫於身體的壓迫，更不用說生長居住於此的巴勒斯坦人。回溯於中東戰爭後，受到奧斯陸協議（Oslo Accord）與永久居留權的政策，住在耶路撒冷的巴勒斯坦人，只要證明在當地生活，領有藍色居留證，即擁有永久居住權利。並且他們可以選擇申請成為以色列公民（這樣的巴勒斯坦人相對是少數，也難以論定是否能申請成功）；但相較以色列公民，這群有藍色居留證的巴勒斯坦人沒有說話的權力與權利，拿通俗的話來說就是「次等公民」。

有一次，擁有藍色居留證的東耶路撒冷朋友 I 在西岸遇見了出生成長於西岸、持有綠色居留證的朋友D。我在側聽著他們對於「移動」的對話時，也感受到雙方間難以名狀的緊張氣氛。對於D來說，出生成長於耶路撒冷的 I 有更多的自由，但 I 覺得在西岸生活的人們有更多的保護、生活條件較好，也有更強烈的土地認同。同是巴勒斯坦人，他們卻無法完全體會與理解彼此心中的糾結與困境。

與A在拉姆安拉的餐廳吃過晚餐，準備離開之際，冷不防地，以色列國防軍朝餐廳方向，丟了兩顆催淚彈——外面傳來「碰」的一聲轟然巨響。我立刻攔著朋友說：「別出去！」即便餐廳經理如反射動作般迅速拉起鐵窗，催淚彈的煙仍舊擴散到屋內，刺激耳鼻，好不舒服。A跟我說：「這是今天的第二次了。」我詫異得說不上來：「這裡不是A區（註：Area A：根據奧斯陸協議，西岸的A區均由巴勒斯坦自治政府管理），為何以色列軍方能隨時進出？」「他們不都做任何他們想做的事？不僅屯墾區愈建愈多，我們擁有的土地逐漸被佔領，新的定居者也影響到我們的生活。而且自今年起，衝突越發劇烈了。」

那天返回耶路撒冷時，已經午夜，不知為何隱約覺得，有事要發生了。這樣的緊繃心情，把我拉回到二〇一八年的時空 — 那年大規模發起的 Great March of Return demonstrations (GMR) 起義行動。

十月七日，空襲警報從清晨響至午餐時間—巴以之間五十年來其中一場最大的衝突發生了。控制人口稠密的加沙地帶的伊斯蘭激進組織哈馬斯用火箭和地面部隊大規模突襲以色列，直至傍晚時已造成數百人死亡及受傷。雖然以色列對來自哈馬斯的襲擊並不陌生，但週六安息日期間的襲擊是史無前例的─而且這次襲擊毫無預警，以方措手不及。哈馬斯在聲明中表示，週六對以色列發動了「阿克薩風暴」襲擊，目標是數百名士兵和平民，部分原因是為了保衛聖地─阿克薩清真寺，這場緊張局勢的爆發點。

當天傍晚，為了採買一些雜貨，我決定前往東耶路撒冷的超市一趟。在安息日期間，西耶路撒冷像一座空城，沒有任何店家營業，所有大眾運輸工具都停駛了。也因為不斷的空襲，城內的氛圍更加死寂與緊繃，連計程車都鮮少看到。走在路上，僅能看見警車與軍人來回巡視，滴水不漏地監控著街上所有人的一舉一動；而居民也用自己的方式武裝自己，深怕另一場攻擊又無預警地展開。

我以為老城會有所不同，但連老城也像一座死城。這樣的冷清景象是陌生的：平時老城非常熱鬧，尤其前一天才過了住棚節，耶路撒冷滿是朝聖者。看著這樣蕭條冷清的光景，多少覺得有點唏噓。我快速在老城街頭採買完各類雜貨後，去了位於老城三大市場內最底端的水煙店，跟老闆說：「我要一支西瓜混薄荷口味水煙，以及一杯新鮮薄荷紅茶。（Wahade Shisha, batikh w nana w wahade shay w nana）」

水煙店都是男性客人，我找了個合適的位置坐下。抽了幾口水煙，身體放鬆些後，我開始跟老闆及其他客人搭話，話題自然離不開今天發生的攻擊事件。在老城開水煙店數十年的老闆，來自東耶路撒冷，是一位約五十多歲的巴人大叔。對於哈馬斯對以色列的突襲，他說了一句：「這七十多年來，每日在巴勒斯坦，我們也一直面臨著以色列方多次突如其來的攻擊，許多人因此死傷。即便沒有死傷，生活也面臨著諸多的壓迫及限制。」水煙店內其他當地巴人居民也跟我說：「這場戰爭是不會結束的。我們只希望巴勒斯坦人能再次回到巴勒斯坦的故土。」這次的攻擊行動也反映著巴以內部長久以來既存的不平等與排他議題，這趟旅程中我也才更深入了解到，持有藍色居留權的巴勒斯坦人無法申請特定科系或從事相關工作，例如機師等職位。這些種種限制加深絕望的感受，也強化了群體間的差異。

我問他們，面對著這樣的戰爭狀況，會不會感到不安。老闆笑說：「妳現在在哪呢？耶路撒冷老城。其他城市我不敢說，但老城是問題的核心所在。最危險就是最安全的地方。」

聽了老闆的話我放鬆了不少，然而空襲警報不斷響起，我還是很快地地吸完水煙，並與老闆道別。走了四十分鐘回到家後，與特地前來朝聖之旅的室友聊天。她說：「你不覺得哈馬斯瘋了嗎？為何要採取如此激進的作法？」室友是南非人，原來是基督徒，後來改信了猶太教，十分虔誠。她的想法大概也是許多人的想法：哈馬斯跟以色列軍事實力懸殊，這樣突襲以色列，大概對加沙也不是好事。

境內狀況逐漸不安全，街上有大批軍警巡視，群體間氣氛緊張，加上對外連結的關口無預警關閉，以色列境內學校、店家多數關閉，許多人於事件發生當下為了迅速離開以色列，也立即趕往機場與各陸路關口。我原訂預計規劃於十月八日離開以色列，但我的航班似乎也受到影響，網站持續寫著「Delayed」（延遲／誤點）。為確保能夠順利離境，不斷收集大量出關訊息及即時新聞時，內心卻有個想法，想著是否要留下來，是否這趟是最後的巴以旅程？或許因為外國人所擁有的自由與權利，內心充滿自責……

在我研究如何順利離開的時候，手機又響起了特拉維夫區域的大規模空襲警報。看著機場旅客在停機坪就地尋找掩護的新聞畫面，我心想：「戰爭真的開始了。」這時朋友也通知我，連接約旦的中部關口—艾倫比／侯賽因國王大橋（The Allenby/King Hussein Bridge）明日將於早上八點開放到下午四點。直至睡前，我依舊猶豫著要前往位於特拉維夫的本古里安國際機場離開，還是前往通往約旦邊界的艾倫比／侯賽因國王大橋關口……

更嚴密的邊界，更高的牆

隔日一早，我決定依原定計劃前往機場。搭上計程車，窗外只有空無一人的冷清街道，還有據點駐紮的軍人。當我抵達耶路撒冷中央火車站時，甫下車就收到班機取消的緊急通知。幸好在車站遇上一位來自耶路撒冷的以色列司機，願意載我去艾倫比／侯賽因國王大橋關口，心想可以試試從陸路離開以色列。在車上，司機跟我說：「你看到現在街上都是軍警，現在以色列二十到四十歲的後備軍人都全數被徵召入伍了。以色列已經在戰爭狀態。」我問他：「那你如何看待哈馬斯的攻擊？」司機聳了肩說著：「（現在情況）太危險了，但能夠如何呢？沒有人希望有衝突。」確實沒有人會希望有衝突－只是數十年來，巴以議題懸而未決，不平等的情況愈發嚴重，導致衝突的傷痕逐漸加深，難以化解。

到了關口後，司機讓我下車，跟我說我可以自行走過關口，再換另一台接駁巴士。雖然有點懷疑，我還是無奈下車，背著行李走到關口才知我必須搭車才能過關。兩國邊境之間盡是乾漠，而我一時三刻已經無法再回耶路撒冷了，於是只能在長長的車龍中，逐輛車詢問是否能讓我同行過關。被拒絕數次後，終於有一位巴勒斯坦裔爺爺願意讓我上車。但過了不久，關口工作人員就宣布所有巴勒斯坦人禁止過關。前方許多車輛只能當場折返。

自從哈馬斯十月六日週五凌晨開始襲擊以來，以色列警方已關閉巴勒斯坦人進入耶路撒冷的過境點，即巴勒斯坦人被禁止從約旦河西岸通過檢查站進入耶路撒冷。巴人在這塊土地持續面臨著行動限制，長年被視為二等公民，而控制巴勒斯坦人行動的檢查站一直是各方爭論的重點。這樣針對性地長期對巴勒斯坦人限制行動，雖然某方面也是為了牽制哈馬斯，但同時影響了所有滯留於巴勒斯坦西岸與以色列境內巴勒斯坦人的生活，讓他們難以正常工作，甚至難與家人團聚。這樣的政策似乎也間接讓巴勒斯坦人離開耶路撒冷。

在等待一個多小時後，我順利前往以色列側的關口，繳清了離境稅，拿到離境的粉紅小卡。但在這個時候，我心情卻逐漸沉重，想著是否應該留下來—因為那些我所牽掛的人們，卻無法像自己一樣自由地離開。我強忍住複雜的情緒和眼淚，過了關，在前往約旦關口的途中，與同行的外國遊客聊著他們的旅程。有幾位僅到了以色列兩天就遇到了攻擊事件，諸多考量後決定離開。這些旅客也和我一樣，查找著能夠順利離開的方式，很多人也都因為被取消班機而決定前往艾倫比／侯賽因國王大橋關口。歷經了兩天，在關口等待了八小時，終於順利入關約旦，一方面當然是覺得至少保證了人身安全，放下了一塊心頭大石，但更多複雜的情緒，卻也是在相對平靜的此時才湧起。

我的巴勒斯坦朋友 M 跟我說：「這並不容易，但不要為此自責。我們都無法選擇自己的出身，而妳也只是做了妳需要做的決定。」

因為 COVID-19 的爆發，世界彷彿按下了停止鍵，而我在三年後，二〇二三年再次回到這塊思念已久的土地，但這塊土地上的衝突與糾葛並未因 COVID-19 緩和，並且自二〇一八年以來，似乎越演越烈。短暫旅行的期間，經歷了各地的衝突與槍擊，以及雙方的攻擊，不免難過。對於這場似乎會不斷升級的戰爭，自己與許多朋友只能無奈地說著：「無論對於哪一方來說，生活都將變得更不易。戰爭似乎難以結束，死傷也會愈來愈多。」

雖順利離境了，心依舊掛念著那塊土地上的人們，或許是這般的緊張與衝突，讓彼此更加珍惜著相聚的每個時刻。這次無預警戰爭開始，手機防空警報仍每分鐘持續響著，想著：「下一次見面會是何時？」無人知曉……

朋友隨口問著：「**發生這麼多事情後，你還會再回來嗎？**」
我說：「**會的，我會再回來的。**」

第一部

2018 旅行的起點 My Starting Point

1 —「人」、「記憶」與「紀念物[2]」

援引一九九二年聯合國教科文組織（UNESCO）提出的世界記憶計畫（Memory of the World）[3]，因戰爭、社會動亂、資源嚴重短缺，日益體認到文獻遺產的保存與利用面臨危急狀態；其願景：世界文獻遺產屬於全人類，理應為世人而充分予以保存與維護，並應在文化習俗及實踐性獲得適當的認可下，讓世人無障礙地永久利用。

記憶的遺產是什麼？Harvey（2001）提出遺產的定義隨著時間變得更具流動性與廣度。遺產歷史（Heritage History）不可避免地會放在國家層級上去管理與看待，但我們不能忘記個人與地方遺產的重要性，這些細微的遺產（Small Heritage）可能是

[2] James E. Young〈於歷史傷痛的紀念物〉（Monument upon Historical Trauma）提出象徵——精神性的暗示。戰爭下的紀念物代表國家、社會認同與人民記憶，特別是由共同經驗的社會群體所提出為代表。

[3] 相關資料請參考，聯合國教科文組織「Memory of the World」網站 https://www.unesco.org/en/memory-world。

日常生活或是微不足道的（Harvey, p.20）。舉凡戰爭時期或民族傳承的「微歷史」，那些屬較為個人且非「官方」的歷史資料。

「回憶錄」作為一種文體，是一種連結「家國歷史」與「個人人生」之間的文學體裁，其一方面受限於「歷史」與「社會」的框架，一方面又標榜「「個人視角」的情感流動與所見所聞（黃啟峰，2016，115）。又貝哈（1997）於《傷心人類學：易受傷的觀察者》中提到：「人類學已經失去對「文化」概念的獨佔權，而那曾是它與生俱來的權利。「文化」概念現在不只跨學科地使用，在全球社會（盡力理解各式多元文化主義）裡更跨出了學院，甚至連人類學的次要文類—民族誌—也成了各種學者、作家、藝術家、舞者、導演、脫口秀主持人的新歡。在我們的年代，在這個特別的時期，承擔證言與見證，提供了對真理唯一且依然不穩定的把握，各種表徵的形式都該向其根源致敬，這些根源存在於述說、傾聽、謄寫、轉譯與詮釋的民族誌經驗中。」（黃珮玲、黃恩霖譯，2010，208）。

Till（1999, 254）所說，記憶是一個流動的過程，並透過政府、媒體、學者、當地社群等進行溝通協商。對比「官方」記憶，這份看似人類學的田野日記，梳理二〇一七至二〇一八年間，於中東的旅程—在巴勒斯坦所遇的記憶（回憶錄）。

在當地，穿梭於各民族衝突、日常生活的市場、家族朋友聚餐的餐桌間，共享彼此的「食譜家書」、「花圃家書」、「影像家書」、「信仰家書」等，透過一些符號如：照片、塗鴉、建築、文字、書籍、信函、各式紀念品等，喚起、傳達與凝聚記憶與情感來儲存過去，雖這些所遇見的故事並不能代表民族的全體，但能從這些故事重塑一九四八年第一次中東戰爭結束七十年過後，因為領域[4]變動、國際關係、地緣政治，

---

4 大衛・狄連尼（David Delaney）於《領域》（Territory: a short introduction）一書中提到在單純的領域標誌了「內」「外」之別。最初，這個意義指涉位於內部或外部，或是跨越區別兩方之界線的實際重要性。這條線區分了過路人和入侵者，或是將公民與外國人區別開來。於是，領域的基本原則很直截了當：一個空間、一條線、某個意義、某些事件狀況。也是有關空間—權力—意義（與經驗）的群集（王志弘、李延輝、徐苔玲譯，2017）。

那些微觀的「難民記憶與遺產」，以此瞭解世代更迭後對於身份、認同、國族之間的複雜關係。

再度出發了。

口口聲聲，心心念念想著要寫這裡的真實生活，卻無法拿捏筆鋒的力度與利度，生活這塊磨刀石，不斷磨著所有的想法。在這樣糾葛的心情下，依舊於耶路撒冷（Jerusalem, القدس）與拉姆安拉（Ramallah, رام الله）度過，經過西牆與聖墓教堂聽見的禱告聲、彌撒，每座清真寺定時的喚拜聲彷彿合唱團歡唱，每日第一餐（Iftar, إفطار）時聽見四發加農砲響徹雲霄，享受與朋友、與家人的美妙夜晚，享受豐盛的晚餐、甜點、茶與咖啡。在這瞬間，覺得「對，我還在這，開心能與朋友們在這。」剎那間，遺忘所有負面情緒，盡情地歡度。

「檢查站（Check Point）」、「牆（Wall）」、「藍色居留證（Blue ID）」、「綠色居留證（Green ID）」、「難民證（Refugee）」、「屯墾區（Israeli Settlement）」、「水（Water）」、「民生用品（grocery）」、「自由（Free）」、「平等（Fair）」、「尊重（Respect）」、「我（I）」、「你（You）」、「我們（We）」

2 — 短暫的家鄉

生於台灣。因為戰爭、殖民、政治和經濟等因素，促使這片土地上多種文化產生複雜的交融。身為一位海島上的居住者，生活總能遇到來自不同文化背景的人們，我的家族在四百年前從中國遷徙到臺灣，在這塊土地上持續相互揉雜，形成多元文化共生社會（Multicultural Symbiosis Society）的一份子，但對於「**日久他鄉變故鄉？**」總抱持著一股存疑的態度。無論何種原因移動，最終將融合成哪種文化？留下哪些生活的軌跡？

雅克·勒高夫（Jacques Le Goff）於《歷史與記憶》的〈法語版序言〉裡寫道：「回憶比歷史更真切，更『真實』，而歷史則更像是杜撰的；回憶倚重的是對記憶進行加工，而歷史實際上是對過去的一種編排，歷史學家們的責任便是在此。事實上，歷史是過去，是現在，是世間的這或那，是真相的敵人，是政治有意識操縱的產物。」[5]

二〇一七年八月，因為接下一份撰寫文化遺產小書[6]的工作，去了趟中東。當時，耳聞有機會能探訪此地，正值工作的空檔，二話不說地接下，也就這樣無預期地踏上省思之路。在出發前，身旁的人聽及中東，緊接著脫口問著：「妳不擔心？不會害怕嗎？」雖仍能從新聞裡看到現在緊張的氛圍，但因隨遇而安的性情，給了這趟旅程最強而有力的後台。八月，正是以約的盛夏之際，結束一趟日本公差返台後的十天，連旅行衣物都還來不及從行李箱拿出來，就這麼重新闔上出發前往。這是第四趟飛航，

---

[5] 雅克·勒高夫（Jacques Le Goff）著；方仁杰、倪復生譯（2010）。〈法語版序言〉《歷史與記憶》。北京：中國人民大學，頁 2。

[6] 朱筱琪（2018）。漫步聖地：以色列與巴勒斯坦。臺北：國立臺北藝術大學。

漫長的旅途中，仍在機上惡補中東複雜的人文歷史，其中最令人感到羞愧、無力與感傷的，莫過於動亂導致的遺忘。

撇開這塊土地過往的千年動亂，近年大眾最耳熟能詳的大概是茉莉花革命（Révolution de jasmin, ثورة الياسمين）引起的戰爭與難民潮。此次革命源於二〇一〇年北非突尼西亞反政府示威，而穆罕默德·布瓦吉吉（Mohamed Bouazizi, محمد البوعزيزي）自焚事件，觸發大規模爭取民主的示威遊行，這股人民革命浪潮隨後蔓延至整個阿拉伯世界，引發「阿拉伯之春」（Arab Spring, الربيع العربي）[7]。除突尼西亞外，許多國家陷入暴力動亂，許多人因為戰爭遠離家鄉，成為移徙的一份子。坐在飛機上，想起這些事，懷疑在中東是否也能遇到？想著就這樣不知不覺安穩入睡。

---

7 有天與一位中東朋友提到這個詞彙，他不開心的說：「別拿由西方強權定位的詞彙來標籤我們。他們了解我們的文化嗎？」

這趟關於有形遺產的田野調查，直到伯利恆（Bethlehem, بيت لحم）才又激起一絲期待，但真正打醒自己的，卻是到了約旦（Jordan, الأردن）之後發生的事。

進入約旦，氣溫比想像中酷熱，攝氏四十五度，吸入的空氣悶得讓人抓狂，短時間在太陽下，皮膚發紅翻黑，說是烤肉也不為過。過關時，剛好遇到下班時間，突然大批約旦居民（多數為男人）湧進國界，趕著回家。哇！這是身為海島居民無法經歷的生活模式。這趟旅程確實體驗到了沙漠型氣候，中東地區，高溫、乾燥、水資源少，難以想像怎麼在如此嚴峻的氣候裡生活，加上國際情勢，或多或少能感受到人們複雜又糾葛的情感。

有一天，地陪聊著約旦收容大批難民的事，說著只要還有能力，會伸手幫助這些需要幫助的人們。這個問題在腦海中不段縈繞、揮之不去。在台灣，除非主動在網路上閱讀國際新聞，否則鮮少能在新聞報導中接收這些訊息。的確，戰爭距離我們已有兩個世代，猶記多年前過世的奶奶還在世時，想問戰時相關的回憶，她也只說著那段日子很苦，「生命」成為當時僅有的財產，「生存」成了唯一考量，即便再多「人道救援」，精神上的安穩也是難以彌補的。

而自己，身為全球移徙的一份子，生活中總能遇到來自不同文化背景的人們，看到人因為戰爭，殖民，生活，工作等而移動，產生不少「衝突」，但與此同時也使文化產生交融，抑或遺忘文化傳統。這趟旅行中所見所聞，喚起埋藏在心中的疑問：**「日久是否他鄉真能變故鄉？」「國家？怎樣才算一個國家？」**

這趟面對遺產的田野調查之旅就這樣結束了，沒錯，心有不甘，於是回來之後，想盡辦法與當地的機構聯繫。在還沒拿到經費補助之前，家人朋友百般反對中東行，沒想到如上天引領般，過了七個月，我又再度出門了。於是，在計劃開始、回訪中東之前，寫下了這篇日記。

旅程看似是件很容易的事，買張票立即能動身前往。

生命的旅程不僅只是買張票……

想起啟程出發前往中東的日子近了，不敢說懷著多少抱負，但用雙腳雙眼身軀體驗世界，就是人生最大的收穫。生命因為經歷而乘載諸多銘刻身體的記憶，土地因為人們移徙產生歲月的痕跡，這些細微之處與歷史往事，都值得仔細品味。倒數的日子裡，每晚帶著難耐興奮與焦慮的情緒入眠，每晚帶著入眠，時而夢魘，夢醒時分，才驚覺自己潛意識的焦躁。面對這樣的自己，反倒是中東朋友試圖站在我的立場安慰說：「**別擔心，這裏是最安全的地方。**」

霎時，心中浮現：「**我來了**。」

但當真的要出發前，回想著初次拜訪的經驗，如何快速地認識歷史，尤其是如此複雜的地方？在書局買了一本馬哈念著的《認識以色列：民族、土地、國家》，作者為聖經研究專家，可想而知其內容與文字風格，但這本書也讓自己開始逐步摸索。

這塊聖地千年以來一直是文化交融之地，坐落於地中海東南岸及紅海阿卡巴灣北岸，鄰近黎巴嫩、敘利亞、約旦、埃及，境內以色列（Israel, ישראל）[8]、巴勒斯坦[9]西

---

[8] 以色列正式名稱為「以色列國」，歷史最初的一千年於《聖經》中皆有記載，以色列源自希伯來語，意為「與上帝角力者」，在《創世紀三十二章：24-32 節》描繪以撒的次子雅各在與天使摔跤後，被上帝賜名以色列。這片土地為猶太人的發祥地，逐漸形成猶太文化、民族與宗教的特性，歷經千年的歷史及自然風采直至現今依舊被保存下來。在建國之後人口快速增張，更加速成為各民族、文化與傳統的大熔爐。歷經多次中東戰爭後，現今其中大多為猶太裔，其次為阿拉伯裔及其他非猶太居民；人口主要生活於城市，部分居民生活於古蹟，共同合作與分享，形成特殊的自然、人文生活樣貌（朱筱琪，2018）。

[9] 巴勒斯坦一詞可追溯自希文與阿拉伯文，來指稱此區的非特定民族；而在古埃及語中則表示海上民族。爾後，確切以此作為該區名稱最早出現於羅馬時期，包含現代以色列國的領土範圍。自一九四八年以色列於此建國並中東戰爭爆發後，此地區民族自決思潮達到高峰，阿拉伯裔開始自稱巴勒斯坦人或阿拉伯人，而猶太教徒則自稱為以色列人。一九六八年巴解組織更修改《巴勒斯坦國民憲章》（Palestine National Charter）：「居住於巴勒斯坦的阿拉伯人，不論被驅逐或留下；一九四七年後出生的人們，只

岸（West Bank, الضفة الغربية）和加薩走廊（Gaza Strip, قطاع غزة）各居東西。這塊宗教文化交融的地區，長約四百七十公里、最寬處約有一百三十五公里，面積雖不大，有一半的土地屬半乾燥土質，卻擁有多樣地形，北部的加利利（Galilee, الجليل, הגליל）是森林高地，到了地中海沿岸則是海濱平原，有沙丘和富饒的農田；中部則為丘陵地帶，向東升高至撒馬利亞及猶他山脈的嶙峋峰頂，接著陡然急降至約旦河谷和地球的最低處海拔以下四百公尺的死海。由中部向南伸展的是多山的沙漠地帶，經過內蓋夫沙漠（Negev Desert, הנגב），直達紅海最北端的港口艾拉特灣（Eilat, אילת）。千年間歷經以色列王國、猶大王國、波斯帝國、亞歷山大馬其頓帝國等各政權統治，當時稱此地為撒馬莉亞和猶太地（Judea, יהודה），直至羅馬時期，才使用巴勒斯坦

要父親是巴勒斯坦人，無論在海外或境內，即是巴勒斯坦人。」現今巴勒斯坦約旦河西岸（West Bank）與加薩走廊（Gaza Strip）兩地區，目前分別由巴勒斯坦自治政府（Palestinian National Authority, PA）與伊斯蘭抵抗運動（Hamas）管理，但資源進出口與邊界管制仍由以色列掌握。二〇一一年聯合國教科文組織接納巴勒斯坦為正式會員國，二〇一二年聯合國將其升格為非會員觀察國（朱筱琪，2018）。

（Palestine）來指代這一地區。因錫安主義（猶太復國主義）與國際情勢影響，二十世紀初大量猶太人湧入巴勒斯坦，於一九四八年以色列建國後，隨後爆發多次中東戰爭，直至一九六七年第三次中東戰爭—六日戰爭與多次談判後，形成今日政治局勢，戰爭也造成許多人成為難民（朱筱琪，2018）。

各民族之間的複雜問題，迫使自己穿梭衝突間，不斷修改期程表，隨著旅程寫下人們的真實生活。待在中東幾個月進行田野調查的日子，來到耶路撒冷的頭兩週歷經安息日（Shabbat, שבת）[10]、耶路撒冷日（Jerusalem Day, יום ירושלים）、美國遷大使館[11]、

---

[10] 希伯來文 Shabbat 的意思是終止，因此安息日是猶太教每週一天的休息日，在猶太聖經《創世紀第二章 1-3 節》寫道：「天地萬物都造齊了。到第七日，神造物的工已經完畢，就在第七日歇了他一切的工，安息了。」並依據摩西律法所制定的安息制度，猶太人在每七天一次的聖日、每七年、每五十年一次的聖年與每年幾天特別的日子都需要守安息。依據猶太曆法每週的聖日則是從星期五的日落到星期六的日落，這一天是他們與家人朋友相聚陪伴的日子，也會到西牆、猶太會堂禱告（朱筱琪，2018）。

[11] 二〇一八年五月十四日，美國將原位於特拉維夫的大使館遷至耶路撒冷。

巴勒斯坦大流亡的災難日（Nakba, النكبة）[12]、齋戒月（Ramadan, رمضان）[13]、彌撒（Missa）[14]的日子，當地朋友半開玩笑地說，我在一個很特別的時期到了這個地方，看到了人們如何努力去追尋作為人類應有的生活與夢想。「家」、「土地」、「身份」、「認同」是中東這塊土地上始終無解的議題——我們一生在尋找家園、期待家園。故事永遠說不完，因為故事會一直下去。拿著和平的旗幟，說著和平；拿著民主的旗幟，說著民主。If God Wishes／Im yirtsé hashém（אם ירצה ה'）／Inshallah（إن شاء الله），

---

[12] 一九四八年開始，隨著衝突與戰爭，西岸地區和加薩走廊的猶太人口開始遷入以色列，使得以色列的人口遽增兩倍；大量的阿拉伯人離開家園，此次流亡稱為「大災難」（Nakba），後來稱這些人為巴勒斯坦難民，主要移居該地區附近的鄰國，如約旦、黎巴嫩與敘利亞等（朱筱琪，2018）。

[13] 此月是伊斯蘭曆中的第九月，也是最神聖的月份。在齋戒三十天內，日出到日落需要禁食，每日的這段時間需反思自我，餵養靈魂，同時也是與家人朋友相聚的日子（朱筱琪，2018）。

[14] 彌撒源自於拉丁文Missa，有解散之意，取自禮儀的最後一句話：「平安去吧！」（Ite, missa est）。天主教會七件聖事之一的彌撒，來自於耶穌在受難日前的最後晚餐分施餅與酒，象徵為眾人贖罪而犧牲的體血，而現今彌撒用來紀念耶穌的死亡與復生（朱筱琪，2018）。

成了大家常掛在嘴邊的一句話，從來不曉得自己在不知覺中也感染上說著，歷經幾次的訪談，幾次的對話與交流，記錄起一段段掩蓋在真實之中的故事。

但在結束之際，試著融入當地生活時，才知道高牆是給自己設限的。內心有許多想法，遲遲無法輸出、寫下任何話語，是因為知道我已經不是外國人，已經不是觀光客，這裡已經成為短暫的家鄉，沒辦法再以輕描淡寫的方式帶過所有情緒，以及我所經歷過的一切，每日說著「שלום（Shalom）」、「תודה（Toda）」、「صباح النور（Sabah al Khair）」、「سلام（Salam）」、「كيف حالك؟（Kaifa Halak）」，……，不敢說了解多少，只是慢慢走進與走近。

「我，一個局外人成為局內人時，不斷瓦解自己身為外國人的身份認同，對於微不足道的能力與權力，不斷捫心自問，我該做什麼？我又能做什麼？」

3

——快忘了我是誰

二〇一八年九月，返台後的日常，工作、上學、與家人朋友聚會、清掃家裡……，毫無時差地回到旅行前的生活，絲毫不違和，卻殊不知自己已經悄悄地變了。幾週前的某天，那是一年多後再次到訪臺北市立美術館，參觀雙年展《後自然：美術館作為一個生態系統》，展覽展示不同以往的作品（計畫），腦子突然冒出許多想法。「連結」與「再現」兩個主軸，連結並顯現了美術館的生態系統與自然的生態系統。該展覽並非由策展人提出論述與透過作品脈絡梳理出的展覽，轉為概念化，而藉由各種不同議題／團體連結活動，看似毫無章法，但每個人都成為生態系統中的參與者，並相互牽連、交互作用著。

正因為百樣生態所呼應與產生的連結有所不同，尚未無法論定是否有適合與不適合，成功或不成功的內容。短時間內快轉般匆忙看過，因為生命經驗，藝術家古斯塔夫松和哈波亞（Gustafsson & Haapoja）的作品《非人類博物館》（Museum of Nonhumanity）、德國藝術家英果古騰（Ingo Günther）的作品《世界處理器》、台灣藝術家蕭聖健的作品《歸》讓我回憶起在田野調查的日子。這些皆是感官強烈呈現的作品，產生更多共鳴。

《非人類博物館》由一座座半開放鷹架搭成的螢幕，輪播著宣言似的文字，無言倡議著，像依舊在建構中擺放大小不一的文物箱體，栩栩如生的動物標本在暗處凝視著一切，有人或許會探討動物殺害後成為標本的殘酷行為，但我更想延伸解讀「人非人」。那時，巧遇三位女士站在螢幕前牽著手拍照，投影的文字剛好寫道：「芬蘭再也不能提供這些女人任何庇護，因為她們可能散播雜種兒，永遠地將我們的血統劣化，讓我們的體魄衰弱，為了清洗的行動，這群可悲的、悲慘的女人，她們過去扮演了娼妓和永久共犯的角色，必須把她們集合起來，烙印上永恆……的印記……。大清洗要開始了。」

這個畫面，這段話語，讓被迫嘎然而止的回憶，就這樣，硬生生地被開啟了……

回想旅行前，老天馬行空想著，「對，我來到這遙遠的國度，遙遠的土地，只能在想像中的世界，我該做些什麼？或許該去各地體驗。」猶記二〇一八年四月時，因為機票的關係，決定在約旦先待了十天，有個原因是想見些朋友，想了解在一九四八年與一九六七年中東戰爭後，來到約旦的巴勒斯坦人現在的生活。我到貝都因人與當地人的家裡生活了幾天，留下的是懷揣著對巴勒斯坦這塊土地的夢想與和平到來的期盼。身為巴勒斯坦後代的M，分享每年必須要向約旦軍方證明他現在的狀況，詢問是否與巴勒斯坦有關係。這樣牽涉政治上的舉動，雖然已經過了好幾十個年頭，不禁還是讓M感到不舒服。M的父親自一九六七年後，

2018 年臺北美術館雙年展作品《非人類博物館》一隅

從巴勒斯坦來到約旦，努力工作生活，為了提供小孩良好的環境，希望有天能回到巴勒斯坦。

靜下心，總能想起在阿傑隆（Ajloun, عجلون）跟約旦爸爸與媽媽聊著聊著，談到中國、台灣與日本，以色列、巴勒斯坦與中東各國之間的關係與衝突。無論是他們或是我們，都有很要好、不同國籍的朋友，然而，「政治」總是最敏感，雙方最不想去牽涉，或作為閒聊的話題。

「和平，什麼時候才會到來？」

這是我們共同的希望，也是共同的疑問。

離開約旦，五月抵達耶路撒冷時，美國遷使館的事鬧得滿城風雨，「川普是錫安主義的朋友」（Trump is friend of Zionism）的廣告標語只會在西耶路撒冷或以色列領土看到，對比東耶路撒冷、約旦河西岸或加薩走廊一幅幅阿拉法特與各義士的照片與塗鴉。高牆兩端與密密麻麻的檢查站，規訓與被限制住的身體，這樣的生活或許比動物更為不如。愛德華·薩依德[15]於《薩依德的流亡者之書：最後一片天空消失之後的巴勒斯坦》（*After the Last Sky / Palestinian Lives*）（1998，梁永安譯，2010，54）中寫道：「我聽說，在黎巴嫩，有一個說法是巴勒斯坦小孩特別該殺，因為他們每個都是未長大的恐怖份子，你不殺他們，他們以後便會來殺你。」這樣的情節，於田野場域時已不曉得聽過幾回類似的話語——種族清洗（Genocide），回想起M跟我說過的家族故事：「我的家庭來自於巴勒斯坦的最大家族，原先住在北方的城鎮海法（Haifa, حيفا），因為錫安主義，房舍被佔領，家族遷到約旦河西岸的傑寧（Jenin, جنين），於一九六七年以色列與巴勒斯坦六日戰爭後，離開巴勒斯坦，在約旦生活。」民族為了要提供「圈內人」的保護，看似種族領域化的狀態總是存在。

---

15 愛德華・薩依德（Edward Said, 1935-2003），他的家族於一九四八年中東戰爭後成為巴勒斯坦難民，同時也是國際上著名的文學理論學家，後殖民理論研究的創始者，為巴勒斯坦建國運動付出，著名著作如：《東方主義》（*Orientalism*）。

「別去，妳怎麼想去？他們很危險。」猶太朋友總這樣對我說。我說：**「沒關係，可能我是外國人吧！」**

「外面人」的標籤成為自己的保護傘。「裡面」、「外面」，你是誰？

和許多人一樣，總帶著預設的立場進入陌生的地方，然而親身經歷的現實生活，總將自己從想象中拉出，甚至全盤推翻預設，當重新來過時，卻只能讓自己隱身，希冀有更多的彈性、讓隱形的高牆保護著。尚—保羅・沙特（Jean-Paul Charles Aymard Sartre, 1905-1980）在《存在與虛無》（*L'Être et le néant : Essai d'ontologie phénoménologique*）裡提出三種人的存在狀態：其中一種為「為他存在」（being-for-others），是意識到他人在觀看、評論自己的存在，自我意識為了在群體間生存，開始偽裝而逐漸迷失自我。[16]且所有文化都會編織出一個區分「自己」（Self）與

[16] 鄔昆如（1975）。存在主義透視。臺北：黎明文化，頁 40-41。

「他」（other）的架構。「我」是主體，代表的是本土的、真實的和熟悉的，「它」或「你」是客體，代表外來的、不同的、陌生的，往往也是有威脅性的（薩依德，1998；梁永安，2010，54）。因為很少有「東方面孔」的觀光客，更何況是單獨旅行的女性，最常被問到的問題：「你是誰？中國人嗎？」「我是H，來自台灣。」原先滿心期待對方脫口而出「泰國嗎？」沒想到遇到的絕大多數人都曉得台灣，「我知道，那座與中國有爭議的國家／小島。」[17]沒想到這臉孔卻成了我穿梭在各地的保護傘。因持有國外護照，有進出各地相對的自由，但當聽了不下數回的經驗，許多外國人因為與巴勒斯坦人相處，在入境時被質詢、強制遣返，甚至被拒絕入境數年。於是我開始使用不同的程式遠離監控，上傳並刪除所有電子設備裡的文件，但又能避免多少？於是開始繃緊神經地偽裝自己。

---

17 問所遇之人為何曉得台灣，大部分的回應都是：「你不覺得你們與中國之間的衝突，與我們這裡很像嗎？」（所指以色列與巴勒斯坦）

永遠沒有做足準備，經歷了幾回衝突／事件／追捕／槍響，每晚看似和平，與朋友的談笑風生中，微笑說著現今情勢，總祈禱著希望明日也一切平安；每趟回到耶路撒冷，無論多累，一早總會前往岩石圓頂聖殿（Dome of the Rock, قبة الصخرة）附近走走，經過西牆（Western Wall, הכותל המערבי），沿著苦路（Via Crucis）走到聖墓教堂（Church of the Holy Sepulchre），窩在教堂的角落看著聖墓、看著遊客紛紛前來朝聖，祈望和平的到來，內心總有個聲音「**我無法做些什麼**。」

重讀薩依德的書，撼動依舊烙印心上，如同黎巴嫩著名歌手菲魯茲[18]的歌，達爾維什[19]的詩，永遠無法順利讀完，大概難以真正讀懂。轉換心情再讀遍梁瑜的《沒什

---

18 菲魯茲（Fairuz, فيروز）為黎巴嫩歌手，於阿拉伯地區有極高的知名度。

19 馬哈茂德・達爾維什（Mahmoud Darwish, محمود درويش）為巴勒斯坦重要民族詩人，是阿拉伯代表文學作家之一。在《薩依德的流亡者之書：最後一片天空消失之後的巴勒斯坦》的第五十四頁分享了一首德爾維什的詩歌〈身分證〉（Bitaqit Hawia）：「記下來！我是個阿拉伯人／沒有名字、沒有頭銜、是一個國家裡面的病人／招人怨怒。」可以看出他對於民族認同的想法。

麼事是喝一碗奶茶不能解決的……我的人類學田野筆記》，或許是因為情境相近產生共鳴，即使去了北亞，去了中東，這本書總躺在行李中，像似我的《一本嚴格意義上的日記》（*A Diary in the Strict Sense of the Term*）[20]。家鄉是為了離去而設的，覺得所踩的這塊土地是屬於自己，發生在這塊土地上的事情也都關乎自己，這好像才是故鄉真正的含義。走進田野，成為獵奇的景觀，將短暫的他鄉作為故鄉，茫然未知和可觀察的巨大差異，席捲而來（梁瑜，2017，140）。

[20] 二十世紀重要人類學家之一馬林諾夫斯基（Bronislaw Malinowski）生前的日記，於一九六七年出版。

當「恐懼」逐漸在心中瀰漫，也忘了自己是誰。不僅是為了放鬆而強迫忘了自己是誰，而是忘了自己是誰，更能進入田野。

第二部

家園與掙扎 Balad (بلد) & Struggling

1——我是貝都因：隨著土地，隨著風游牧

二〇一八年的旅程中，在約旦時，有次與M從阿傑隆出發，沿著六十五號公路駛過約旦峽谷（Jordan Valley, غور الأردن），看著飄在死海（Dead Sea, البحر الميت, ים המלח）上的夕陽逐漸落下，充滿水氣的悶熱感爬滿皮膚，像持續敷著百分之百保濕面膜般的黏膩。一見攤販，毫不猶豫拿起冰櫃裡一瓶瓶冰涼的礦泉水——沖涼，濕毛巾冰敷著肩膀，打開 Spotify 轉到 70s Trip 頻道，咚次咚次，節奏輕快的音樂伴隨我們一同往費南河谷（Wadi Feynan, فينان）。

從來沒想過此趟能來到朝思暮想位於達納生態保護區（Dana Biosphere Reserve, محمية ضانا للمحيط الحيوي）內的費南河谷，這塊土地是約旦境內最大的保護區，擁有多樣化的地理環境與生物，共七百〇三種植物，兩百一十五種鳥類和三十八種哺乳動物，自舊石器開始，除居住於此的原住民阿爾阿塔塔人（Al Atata）外，埃及人，納巴泰人和羅馬人也於此定居過，隨處可發現不少遺跡。一抵達立即拜訪了M的友人穆罕默德（Mohammad）一家人，他們是在此游牧的貝都因人（Bedouin, بَدو）。

於是，我決定要在這裡與他們度過幾夜，與他們一樣，擠奶、生火煮飯、過著夜晚沒燈的日子、睡在沙漠的硬石上，聊著他們的信仰、生活與轉變。穆罕默德說：「**聽說你對我們的生活很感興趣**。」「我去了蒙古四趟，跟著牧民生活。」娓娓道來，話閘子就這麼被開啟，聊到月亮高掛天上。

原本非穆斯林的貝都因人，因為歷經了千年的阿拉

傳統貝都因人的生活空間

伯人統治，不知從何時起，他們改信伊斯蘭教，吃著與阿拉伯人一樣的食物，唯一沒變的就是行動的自由——「**游牧**」。穆罕默德說他的祖父母來自不同的山頭，他們成親後來到費南河谷，在還沒有戰爭之前，族人游牧在這幾座山間，戰後國界的劃分，他們無法自由行動，大多的親戚都在山的另一邊（往以色列方向指去）……

話還沒說完媽媽就端來碗飯——貝都因式的傳統手抓飯（Mansaf, منسف），下意識的撕開一塊大餅（Pita, خبز عربي），包上羊肉與薑黃煮的飯，淋上酸奶汁（Jameed, جميد），搓成球狀，一口吃進，大家驚訝著我的動作，M說：「**做得好，以妳為榮**。」，我笑了出來，喝上一口加了無數匙糖的紅茶，「**啊哈**」的驚嘆詞就這麼脫口而出。

貝都因式的傳統手抓飯

Mansaf منسف 食譜

- For the Broth
  - 4-5 lamb pieces (about 3 pounds)
  - 1 medium yellow onion, peeled and cut into 2 or 4 halves
  - 3-4 cardamom pods
  - 3 bay leaves
  - 1 cinnamon stick
  - 1 teaspoon sea salt
  - tap water
- For the Rice
  - 2 cups rice (short grain)
  - 1 tablespoon unsalted butter or ghee
  - ¼ teaspoon turmeric
  - ½ teaspoon sea salt
  - 2 cups of boiled water
- For the Yogurt Sauce
  - 2 cups of liquid jameed
  - 3 cups of lamb broth
  - To assemble and serve
  - 1 large shrak or 2 medium size flat bread or tortillas.
  - 1 cup roasted almonds, or half pine nuts and half almonds.

煮這道菜的最大功臣是穆罕默德的妹妹Z，或許因信仰伊斯蘭教，沙漠游牧民族的女性依舊為家中洗衣煮飯的要角。在還沒端上晚餐前，我到了廚房幫忙了好一會。用樹枝生火，不通風的帳篷內，煙霧瀰蔓，雙眼被煙得睜不開，一言一語的聊著「我啊，最近剛從大學畢業，就回來幫忙了。」「之後呢？」「應該會嫁人吧！妳呢？妳幾歲？」因為害羞決定避而不答繼續幫忙。媽媽剛好下班回到家裡，「晚餐好了嗎？」

翌日早晨，天才剛亮，趁著媽媽還沒出門，拉著M去找媽媽聊天，「阿姨，妳現在還在上班嗎？」她說：「是啊，換了兩任丈夫，還是在上班，因為需要養家，男人都離開了。」說到這裡，M與我互相對望，「**離開是去？……**」阿姨輕描淡寫地說著：「**游牧吧！**」

穆罕默德的媽媽是一位職業婦女

再次回到約旦，是三個月後的事了。在佩特拉（Petra, البتراء）進行田野調查時，遇見K，第一印象以為他已經四十多歲，沒想到一問，只有三十二歲。身為佩特拉老城的貝都因人，他目前擔任導遊，會說英文、西班牙文、日文、法文、阿拉伯文，他說：「我從沒去過學校，這些都是跟遊客學的。」三十五年前，因約旦政府要求貝都因人搬離成為世界遺產[21]的佩特拉，許多部落被迫搬到一公里外的城市，但K的家族依舊住在修道院區（Monastery）附近，他們放棄原本游牧生活，轉而擔任遊客嚮導。他說：「現今生活依舊辛苦，我到現在還沒結婚，因為光準備家族婚禮的費用就要兩萬約旦第納爾（Jordanian Dinar），房子至少要四萬五千約旦第納爾。女人太貴了，

---

21 佩特拉位於死海與紅海之間，為重要交通要塞，為納巴泰人於史前時代建造的城鎮，玫瑰色的岩壁建造出一座座宮殿，於一九八五年由聯合國教科文組織登錄為世界遺產。這件事使得原先居住於此的貝都因人被迫遷至政府規劃好的城市，間接影響其游牧生活。

現在大家多娶外國人，因為不需花費太多。回顧我父母那個年代，根本不需如此龐大的結婚費用。」

「你說，現在我們自由嗎？還能隨著風四處游牧嗎？」

今年 32 歲的 K，因為環境變化歷經許多事

約旦旅程的最後幾天，決定犒賞自己，買了一張歌劇《波希米亞人》（La Bohème）的票，走在約旦安曼的市區，趁著最後的時光，觀察人們的生活，快到露天羅馬劇場前，許多古董店映入眼簾，其中一間路邊店家，滿是用鎖鏈與鎖頭將搜集來要賣的古董牢牢纏在牆上，我被這樣的光景吸引住了。停下來，我賊頭賊腦地翻著每個鎖頭旁的古董，特別愛把玩一台早期的攝影機。突然間，在旁邊修車的貝都因人小弟，約莫二十歲，走向我說：「你想要哪個？我幫你拿下來。」我驚訝之餘反問：「這些都是你找來的嗎？」他說：「是啊！我到各地找的，有些從埃及、黎巴嫩、敘利亞、約旦、巴勒斯坦、伊拉克……。」他的一番話讓我產生興趣，但平時以英文溝通無法說上一口流利阿拉伯文的我，只好拿起手機開啟 Google 翻譯與他一來一往的聊天，詢問之下才曉得他的家族來自位於現在以色列境內的貝爾謝巴（Beersheba, באר שבע, بئر السبع），戰爭之後來到約旦成為巴勒斯坦難民，我問家族還有人在游牧嗎？「沒有，戰爭後，我們被迫離開了。」心想著，這不是現代的地下游牧民族嗎？

聊到一半，三位女孩看見我用google翻譯和男孩溝通的奇怪行為，自願幫忙我們。她們說：「妳哪來的？妳在找難民嗎？我們都是喔。」一問之下才曉得他們的祖父母／父母都來自巴勒斯坦，戰爭後來到鄰近國家如約旦、黎巴嫩、敘利亞、阿拉伯聯合大公國等。

我問他們：「**你們想回去嗎？**」女孩們說：「**不會**。」

現在多數年輕一輩的孩子即使認同自己是巴勒斯坦人，但七十年過去，已

貝都因裔古董商男孩

經不是「**裡面人**」[22]了。喬尼・米切爾（Joni Mitchel）曾經這麼說：「直到失去，我們才知道曾經擁有什麼，他們剷平了樂園，建造一座停車場。」（Cresswell，2004；王志弘等譯，2006，82）。

---

22 薩依德（1998；梁永安譯，2010，88）在《薩依德的流亡者之書：最後一片天空消失之後的巴勒斯坦》一書中提到「裡面人」（min al-dakhil）一語在巴勒斯坦人的用法裡有著特殊的言外之意：「首先，『裡面』指的是以色列境內那些還住在巴勒斯坦人的地區，所以，直到一九六七年為止，『裡面人』都是指住在以色列境內的巴勒斯坦人。一九六七年之後，它的意義有所擴張，兼指住在約旦河西岸、加薩地帶和戈蘭高地的巴勒斯坦人。然後，自一九八二年起，它又兼指住在南黎巴嫩的巴勒斯坦人（和黎巴嫩人）。『裡面人』一語最特殊之處，是它的價值內涵經過變化。我記得，晚至一九七〇年代初期，以色列的巴勒斯坦人都被視為特殊的一群，是我們這些以流寓者或難民身份寄居外地的巴勒斯坦人所信不過的。在我們看來，他們都是帶有以色列的烙印，所以已經變質（這些『烙印』包括他們的護照、他們學習過希伯來文、他們甘願跟猶太人生活的事實，以及他們把以色列視為一個真正的國家而非『錫安主義實體』等）。總之，他們是在一個貶義下有別於我們的。」

古董商貝都因男孩繼續說著：「**你知道嗎？草原已不再翠綠，即使翠綠，也難以回去。所以我只能找能做的事。**」

2

我心之歸屬，我的老城

耶路撒冷老城，是所有人的心之歸屬，也是我的心之歸屬。

＊＊＊

來到這，一定得拜訪老城耶路撒冷。這座耳熟能詳的城市，被一道高十四公尺的城牆圍住，為不規則的四邊形，自西元前四千年就見證人類信仰文明的演進，然而耶路撒冷這個名字的來源已經難以考究。其一說法，約莫西元前一千年，大衛王率領以色列人奪取該城，並往南方擴建城市定都於此，改名為希伯來文中的 Yerushalaim（ירושלים）可以理解為

坐在耶路撒冷老城屋頂往岩石圓頂望去

Yerusha（遺產，ירושה）與 Salem（撒冷，亦為「和平」，שָׁלֵם）的合成詞。然而，另一個較為普遍的解釋，則由《聖經》中兩個城市 Jebus（耶布斯）與 Salem 的結合，其中耶布思為迦南人於希伯來人來前，為當時的耶路撒冷城所取的名字；而 Salem 為舊約聖經《創世紀》十四章中所記載的一句話，至高神的祭司麥基洗德的住處，他帶著餅與酒為來到這裡的亞伯拉罕祝福，而阿拉伯文為 al-Quds（القدس 或 بيت المقدس），意為「聖城耶路撒冷」。這座千年老城，為猶太教、基督教與伊斯蘭教三大亞伯拉罕諸教的聖地，他們認為此地為亞伯拉罕的殉難地。

每日清晨，隨著第一聲喚拜聲睜眼，簡單盥洗後，走在老城的街道，霎時這老城把自己拉進了另一個時間，像似遊走在歷史中，也成了其中人物。在貫穿南北與東西的大街上，總能聽見紛擾的市場傳來此起彼落各式叫賣聲——「十元（'ashara , عشرة）」的聲音幾乎要震破雲霄。不得不說，耶路撒冷老城繁華的市場與充滿活力景象，十分令人著迷。

有時沿著老城牆走到雅法門（Jaffa Gate, باب الخليل ,שער יפו），一進城門，映入眼簾的是賣著各式中東食物的店家，迎面而來是左右兩旁高分貝叫賣聲，夾著烤羊肉串（kebab, كباب）的大餅、油炸鷹嘴豆餅（Falafel, فلافل）、鷹嘴豆泥（Hummus, حُمُّص），循著咖啡香穿梭在老城的巷弄間，聽見叫賣聲此起彼落、不絕於耳，轉個彎進到城內三座舊市場——香料及香水市場（Souk al-Attarine, سوق العطارين）、肉市場（Souk Al Lahhamin, سوق اللحّامين）與珠寶市場（Souk Al KhawaJat, سوق الخواجات）的屋頂上，坐在隱密的屋頂。當坐在屋頂上，往左望去能看到聖墓教堂的圓頂與十字架屋頂，往正前方望去則可看到岩石圓頂的金黃色穹頂，閃爍發光。在屋頂上，也能清楚聽見伊斯蘭教的喚拜聲，聽見教堂鳴響的鐘聲，聽見西牆禱告的聲音，每日在此，我不自覺地也遵循著這樣的生活方式。

總是在約莫凌晨四點，就不由自主地醒來，我聽著喚拜聲盥洗梳理，七點離開家門去趟岩石圓頂，經過西牆，往聖墓教堂，在教堂待著；有時夜晚，與朋友一同前往橄欖山（Mt. Olive），夜風徐徐，燈火照亮耶路撒冷老城，從橄欖山頂上，往遠方望著，圓頂清真寺閃閃發光，說著歷史永不停歇日復一日，我漸漸理解這座千年老城對於人們的重要性。

走進大馬士革門，沿著老城感受到這座城活著，

彷彿歷史在眼前上演。

3

在游移間參與的旅程

身為一名旅行者、外國人、觀光客、外來者，能夠輕易地跨越邊界來回移動。狄連尼（2005）於《領域》一書中提到，領域不僅是靜態的空間分類容器；領域的生命，也可見於橫越，進入和離開充滿意義的空間的交錯（王志弘等譯，2017，39）。我在這趟旅程中，移動於各民族間與橫越各領土間，任何時刻的感受皆深深刻劃於身體，刻劃於心中。

因信仰與民族的不同，耶路撒冷老城裡，有著不同的居住區。有天跟朋友 I 分享漫步某區的經驗，他說：「以前根本沒有這樣的劃分，不同宗教的民族都住在一起。」然而，可能因為政治因素，現今來到老城，可發現此地被劃分為基督教區、穆斯林區、亞美尼亞區與猶太區。這類的劃分似乎使得領域的範圍更趨明顯，更加速族群之間的分化。狄連尼（2005）又提到有無可計數的領域構造和組合，塑造了人類的社會生活、關係和互動（王志弘等譯，2017，7）。

而另一位來自東耶路撒冷的朋友A說著，不論被分化與劃分成怎樣，在耶路撒冷，自古以來有許多家族居住於此，如同這座城的路標，這些家族稱為—耶路撒冷家族（Jerusalem Family），如：保護聖墓教堂的鑰匙管理者及守門人的穆斯林家族 Nusseibeh、保護聖城的 Husseini、在市府擔任要角的 Nashashibi 、名門望族 Qutteineh、自古以來製作麵製品的 Tahhan 、製作甜點的 Zalatimo，其餘如 Rasas 及 Dajani 等。

從橄欖山往耶路撒冷望去，看見岩石圓頂聖殿的金色屋頂閃閃發光

「雖說這些家族如同『路標』，代表著歷史與真實，但你知道嗎？有些幾乎不住在城內了。」

或許因為人口變多、政治影響，來自東耶路撒冷的朋友 I 說過，一九九六年以色列頒布了一個政策——**生活中心**（Centre of Life），軍警隨時都能進到家裡確認是否真的有居住於此，他們會闖入翻著冰箱，四處查看，而我們必須提供真正生活於此的證明。

可怕的是分化民族之間無形的牆。

中東戰爭後，受到奧斯陸協議[23]與永久居留權的政策，住在耶路撒冷的巴勒斯坦人，只要證明在當地生活，領有藍色居留證，即擁有永久居住權利。並且他們可以選擇申請成為以色列公民（這樣的巴勒斯坦人相對是少數，也難以論定是否能申請成功）；相較以色列公民，這群藍色居留證的巴勒斯坦人沒有說話的權力與權利，拿通俗的話來說就是「**次等公民**」。

有回 I 到西岸遇見了出生成長於西岸的朋友D，談話間感受到雙方的緊張氣氛，對於D來說出生成長於耶路撒冷的 I 有更多的自由，但 I 覺得在西岸生活的人們

---

[23] 一九九三至一九九五年間，巴勒斯坦解放組織主席阿拉法特（Yasser Arafat）和以色列總理拉賓（Yitzhak Rabin）簽署具有歷史意義的《奧斯陸協議》與《關於在加薩和傑里科實行有限自治的協議》。以色列國防軍（IDP）撤出約旦河西岸和加薩地區，巴解組織對西岸和加薩地帶部分地區進行有限的自治；但邊境依舊由以色列國防軍控制，以及雙邊協議以色列的定居點（Israeli Settlement）位置與耶路撒冷的主權關係。

有更多的保護、生活條件較好與強烈的土地認同，他們無法完全體會與理解彼此心中的糾結與困境。

認識 I 後，他分享著，他是擁有藍色居留證居住於耶路撒冷的非洲裔巴勒斯坦人[24]，共有七個兄弟姐妹，包含父母，一家人住在擁擠的房舍，為的就是留在耶路撒冷，保護這塊聖地，且不允許離開耶路撒冷居住，或離開太久。他們並沒有護照，若要拜訪其他國家需要申請拜訪文件（Visiting Document）。D 是擁有綠色居留證，若要去耶路撒冷，必須向以色列政府申請許可，若要拜訪其他國家，可以領取臨時約旦護照，經由以約之間的中部關口——侯賽因國王橋（King Hussein Bridge，又稱

[24] 有關非裔巴勒斯坦人可參考，https://en.wikipedia.org/wiki/Afro-Palestinians。

Allenby Bridge, جسر الملك حسين）[25]到其他國家。如同所有的巴勒斯坦人，他們希望能夠回到他們的土地。然而這樣的分化，是國家權力的去領域化（De-territorialization）或再領域化（Re-territorialization）所導致的，因為強調社會、政治、經濟、文化的目的，隨著時間展開，使得同族群間產生隔離。隨著時間過去，我們能看見東西兩地，被牆劃分，被邊界劃分，被不同顏色身分證劃分，逐漸累積分化與不理解，但他們的心依舊繫在這塊土地之上。

「**什麼才是更好的溝通管道？**」看似無解的問題，其實答案就在心中。

---

[25] 一九四八年第一次中東戰爭後，約旦管理約旦河西岸與東耶路撒冷地區，大部分的居民領有約旦護照。直至一九六七年第三次中東戰爭（六日戰爭）後，以色列佔領東耶路撒，以及奧斯陸協議後於約旦河西岸擴大興建的屯墾區。然而，雖然約旦政府離開後，時任之侯賽因國王依舊開放以色列與約旦之間的中部陸路關口提供巴勒斯坦人進出。

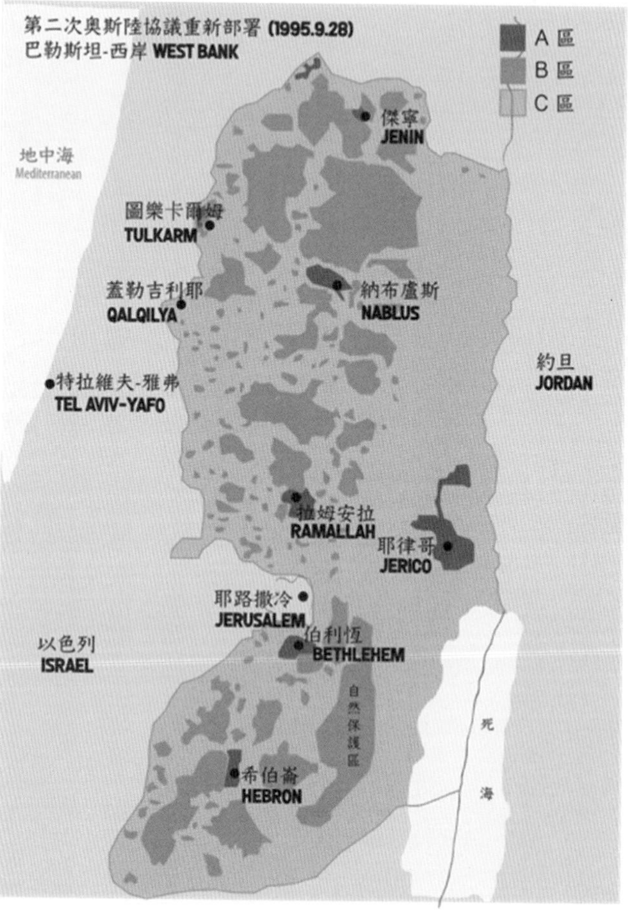

1995 年第二次奧斯陸協議重新部署的西岸，被分為 A, B, C 三區 （作者繪製）。

穿梭在各民族間，其中有段日子與猶太朋友住在一起，那天是埃波月第九日（Tisha B' Av, תשעה באב），以色列的國定假日，亦是猶太曆中最悲痛的日子－聖殿被毀日，紀念同一天降臨猶太人的災難，包含耶路撒冷第一聖殿與第二聖殿被催毀，以及公元一百三十五年超過五十萬猶太人在羅馬被屠殺。這天，猶太人不能飲食、飲水、清洗、洗澡、塗霜、塗油、穿鞋與婚姻關係，來到猶太人的城市會發現該地禁止所有快樂的活動。

憶起那天，整座城相當的安靜，鴉雀無聲，好似到了真空世界，連呼吸都在寂靜中消逝。過了午夜，與友人A與F來到了海邊，坐在海邊飲酒，半弦月高掛空中，照亮這座小城，四周難得一見的靜謐，他們分享猶太人與聖殿被摧毀[26]的歷史，及現

---

26 聖殿山大概是耶路撒冷老城中最家喻戶曉的宗教聖地。聖殿為古以色列人所崇敬且最神聖的地方，因為當時所建成的耶路撒冷聖殿就位於聖殿山上，聖殿建成之前此處為會幕祭祀場所，然而聖殿建成後則

今兩個民族之間的相處。「妳說，我們有不一樣嗎？我們是共同生活著。」坦白說的確沒有不一樣，只是倘若真的這麼簡單，那為何和平遲遲無法到來？

A與F是阿拉伯人與猶太人的情侶，在一起已經四年了。有天幫A整理家務時，邊問：「**你們會邁入婚姻嗎？**」「**會吧！**」她開心地說。「**家人都同意嗎？**」「**應該吧！**」但緊接著，A也提到如果可以，盡量不看新聞，想想也是。若看到兩民族間彼此衝突、傷害，內心的糾葛肯定不少。

成為崇拜上帝的地點。聖殿山歷經幾個時期，第一聖殿由所羅門王建於西元前九百六十七年，而於西元前五百八十六年被摧毀；第二聖殿建於西元前五百一十五年，西元七十年被摧毀。猶太教相信，這裡將是彌賽亞到來時重建第三聖殿的地點。目前並不清楚聖殿山準確位置，但猶太人認為聖殿山就是現在阿克薩清真寺的位置。在阿拉伯人統治這塊土地時，於此建立了兩個伊斯蘭教重要的宗教聖：岩石圓頂和阿克薩清真寺（Al-Aqsa Mosque）（朱筱琪，2018）。

而A身為一位非洲裔的猶太人，因為以色列一九五〇年通過的「**回歸法**」（The Law of Return, חוק השבות）賦予全世界的猶太人回到以色列生活並取得國籍，A的奶奶於她小時候帶著她的媽媽與姊妹來到這裡。如同A因為「非洲裔」而受到歧視的猶太人也不在少數。

不論各族群間的領域，單一族群間的問題，在生活紋理中依舊有著許多「內」與「外」的區別。

4

穿梭穿梭牆：尋找自由

猶記得自己來到這的初衷——「**希望寫下戰爭以外真實的故事**」，信誓旦旦地這樣說著，寫作過程卻碰到最大的困境——「**牆**」。每當跨越以巴邊境，最先經歷的是對當地人再熟悉不過的檢查站與隔離牆，進入的車輛無需檢查，直接放行，但要回到以色列控管的區域時，則須經過檢查站與例行證件檢查。

皮夾裡不斷積累往來的車票，以及以色列入境卡，這些東西像似護身符般照看著我，然而，這堵將土地劃分開來的牆、重重的檢查站，以及不同顏色的身份證明，不停劃分著巴勒斯坦人之間的緊密聯繫。這是初來拉姆安拉時，所上的第一堂課。說遠不遠的加薩走廊從二〇一八年三月開始發起回歸運動（Great March of Return, GMR），直至今日所感受到的情勢緊張，也不例外。

七十年過去，和平呢？那天坐在往返耶路撒冷的公車，身旁的陌生人聊上幾句，言語道盡對家園的「**認同**」與等了一輩子的「**家園**」，激昂地說著卻無力的結尾。如王鼎鈞（2005）於《關山奪路》一書中所提：「藉自己的受想形識反映一代眾生的存在。」及「等待了一輩子的自由。」

＊＊＊

無論何時，旅行在當地的期間，紙本地圖總是隨身攜帶不離手，朋友問著妳為何不用 Google Map，不是比較方便嗎？繃起神經的日子，身為一個外國人開始想著如何與巨大的國家抗衡——「**身無寸鐵**」、「**我不想被發現**」、「**會不會再也回不來了？**」……。網路軍隊密佈的聖地，想想都覺得諷刺，以前人們循著地圖來此地朝聖，現在地圖卻成了保密符咒，為了能走更遠，到達更多地方，每天研究、比對各式地圖成了重要工作；然而，話語、歷史與生活空間是人建構出的，因而可通行且不被紀錄的口岸與路線則老隨著敏感局勢的變動。哪家媒體、哪則報導能夠採信，只能做全面的比對，如此才能歸納出屬於自己判斷的邏輯地圖——「**我的政治地圖**」。

當覺得這樣的日子相當束縛時，老想起逢齋戒月的週五，大批的巴勒斯坦人從西岸湧入耶路撒冷老城，這天軍警在大馬士革門（Damascus Gate, باب العامود）外的納布盧斯路（Nablus Road, شارع نابلس）擺滿錯綜複雜的拒馬，大批的警力交管限制人車的行進；有一回與一位阿拉伯裔的法國朋友試圖穿越重重拒馬，卻被警察攔了下來，直到看到東方臉孔的我，他才放行。這週是齋戒月的最後一週，試圖趕在最後一天回到耶路撒冷，但那晚在市中心發起了解除加薩制裁的遊行。看著新聞，螢幕那頭傳來槍聲、煙霧、圍捕……[27]。

「**說不上來的糾結與被控制的自由**。」內心無力地冒出這句話。

---

27 可參考：https://goo.gl/7tkrze/ 或 https://goo.gl/rPVs36。

伯利恆與以色列間的隔離牆

齋戒月期間每逢週五於耶路撒冷老城外納布盧斯路

圍欄遍佈的景象

齋戒月期間每晚，耶路撒冷老城內看似歡騰的氣氛與熱鬧的景象，但人人心中藏有一份無奈，或許因為近日來發生的事件，老城內的遊客數量不如以往，特別是單獨旅行的散客，這情況，連帶影響觀光生意。有人說著：「**今年的齋戒月很不好過。**」

常言道：「眼是用來看、鼻是用來聞、耳是用來聽、口是用來感受味道」，而「**肉身**」(body) 則是用來記憶所有一切超越時間與空間的印記與經驗知識。面對日常生活、歷史、社會文化，這樣的緊繃生活，不用說局勢緊張的敏感情勢，肉身又會因為生活或是經驗的銘刻 (inscribe) 體現出來怎樣的身體？老實說那段旅程期間，這樣倍受控制的日子，最心靜的時刻莫過於回想於台灣登山時，毫無煩惱地享受著森林與蟲鳴鳥叫的當下。

然而，在巴勒斯坦的日子，鮮少聽到鳥鳴，更不用說到公園休憩，或是看孩童自由地與朋友聚會玩樂。二〇一八年，有一天拜訪住在東耶路撒冷的Z一家，他們住在耶路撒冷外圍地區，鄰近猶太人居住區。當時正好是暑假期間，好奇地問：「**為何Z**

沒有出去跟朋友聚會呢？」Z的媽媽回答：「**外面沒有空間，即便有，也很危險。**」

接著，問起有關學校系統一事，各學制有著專屬於猶太人與阿拉伯人的學校系統，這也間接導致社群的封閉性，也因此雙邊鮮少往來。

公共空間成了一種莫大的奢侈；生活疏離也間接影響雙邊交流機會。

5

高牆之外：巴勒斯坦—西岸

拉姆安拉
Ramallah, رام الله
A區

拉姆安拉位於耶路撒冷北方約十公里處，在過去，多為阿拉伯裔基督教徒居住的城鎮，因此市內有許多基督教的歷史遺跡；早在十六世紀初期，就成為耶路撒冷行政區的一部分。現今的城市則是由十六世紀中期來自約旦的移民哈達丁（Haddadin）家族所建立；十七至十八世紀時，該城市因農業快速發展，吸引來自各地的居民移居，這時期居民的信仰依舊大多為基督教。十九世紀開始因穆斯林移民湧入，建造了清真寺。而目前多為穆斯林居住於此。在多次以巴戰爭後，現在拉姆安拉作為巴勒斯坦自治政府（Palestinian National Authority, PNA）[28]的行政首都，許多巴勒斯坦西岸地區境內各項文化活動常於此舉辦。

---

[28] 巴勒斯坦自治政府依據以色列與巴勒斯坦間於一九九三年簽署的奧斯陸協議，一九九六年成立，以擴大巴勒斯坦於約旦河西岸的自治，首任民族權力機構主席為亞西爾・阿拉法特（Yasser Arafat, ياسر عرفات）。

拉姆安拉市內的阿爾馬納拉廣場（Al-Manara Square, ميدان المنارة）一景。廣場圓環中間有巴勒斯坦藝術家所設計的紀念碑，紀念碑由五個獅子雕像組成，石柱上有噴泉與花壇，石獅象徵勇敢、力量與傳統，且代表第一批五個居住家庭。

伯利恆

Bethlehem, بيت لحم

A區

伯利恆位於耶路撒冷南方約十公里處。建城年代於西元前一千三百五十年至一千三百三十年間，根據聖經裡的描述，伯利恆是第二位以色列國王大衛的出生地，他也於此加冕，遂將此城建造成為一座防衛城市。同時，傳說耶穌基督也誕生於伯利恆。之後，之後的西元三百三十年，羅馬帝國的康斯坦丁大帝於馬槽廣場（Manger Square）的「聖穴」地穴上建造聖誕教堂（Church of the Nativity），該教堂於二〇一二年列入聯合國教科文組織世界遺產名單，是世界上最古老的教堂之一。歷史上，伯利恆歷經眾多歷史階段，例如羅馬與拜占庭帝國、阿拉伯帝國、十字軍東征、鄂圖曼帝國、巴勒斯坦與以色列，自一九六七年六日戰爭後，則由以色列控制此地的進出口，行政則由巴勒斯坦自治政府管理。伯利恆也是最早出現基督徒團體的地方，雖現今穆斯林多於基督教居民，但此地依舊是基督徒的朝聖地。

傳說為耶穌誕生之馬廄所在處

聖誕教堂

夜晚的伯利恆老城區

納布盧斯

Nablus, نابلس

A區

納布盧斯位在耶路撒冷以北六十三公里處、兩條貿易路線的交會處，也就是聖經上所提到的示劍，古代示劍城位於現今市內的東部。千年以來，歷經許多戰爭與各時代統治的納布盧斯，城內的老城區卻沒有徹底被破壞，依舊留有許多大型的堡壘式建築、土耳其浴池與幾座清真寺。如典型的阿拉伯城市，難以想像城內人口密度，現今的居民多為穆斯林，另有少數的基督徒與撒馬

納布盧斯老城區清真寺

利亞人。由於是往來大馬士革與地中海間的交通要塞與貿易城市，所以能看到橄欖油、紡織工廠、手工藝工坊與一座露天市場，其中最為知名的要屬十世紀以來便名聞遐邇的手工肥皂產業與十五世紀開始風行的甜點——庫納法（Knafeh, كنافة）。

知名甜點庫納法的製作過程

位於納布盧斯老城內的肥皂工廠

6
難民營：像樂高的家

大概受到卡繆（Albert Camus, 1913-1960）、沙特、皮耶・布迪厄（Pierre Bourdieu, 1930 - 2002）、王德威（1954 -）等人不少影響，試圖設身處地去同理去理解源於動盪的創傷經驗，對於生命產生的影響。布迪厄一九九三年於《世界的苦難》一書中以社會苦難（Social Suffering）來了解天災人禍中的處境，這些人身處的社會結構遭受破壞，即便不是無法忍受，日子也變得更艱難，因其歷經了「這個世界的不幸災禍」（miserse du monde）」[29]。試圖回溯與想像戰亂時的場景，便憶起拉里（2010）於《流離歲月：抗戰中的中國人民》（*The Chinese People at War*）一書中描繪著對許許多多中國人而言，抗戰就意味著分離：部分的家人出外逃離戰火，年輕男子離開從軍去，或是參加游擊隊。這樣的分離既突然又毫無跡象可循，沒有期限，

---

[29] Bourdieu, P.（1993）, *La misère du monde. Paris: Editions de seuil*; Translated by P. Ferguson（1999）, *The Weight of the world: Social Suffering in Contemporary Society*. Palo Alto CA: Stanford University Press.

也沒有計劃，是自然而然發生的。[30]無論是否親歷戰爭，是否間接繼承了戰爭帶來的家族傷痛，從話語中依舊能感受到這塊土地的人對家的渴望。即使當地人的口述內容真假難辨，甚至可能有幾分是為了保護自我、撫平傷痛（創傷經驗）的話語，對穩定生活的嚮往是無庸置疑的。

然而，當想到與流亡、戰爭、境外散居相關的安置場域時，聚攏在一起的營區、帳篷與混凝土房舍是最常見的景觀。難民作為歷史的製造者、歷史的主體，創造了流亡生活的歷史意義。為了避免陷入過去對於紀念物的想像，這樣的觀點反而提供營地、臨時的居住空間、宗教的遺跡、城市地景等成為現代歷史政治主體的可能性，由此來認識歷史現狀，同時也作為回溯記憶的場域。但是否需要有具體形象的場域才能稱為「**家**」？

---

30 戴安娜・拉里著，廖彥博譯（2010; 2015）。流離歲月：抗戰中的中國人民。臺北：時報，頁64。

家，是一個提供居住與安全的地方，通常是指個人或家庭在一個使人安全活動與生活的地方。當我們談到「家」的時候，其實它可能指涉三個不同的概念，分別是住屋（House）、家庭（Family）與家（Home）。「我的家非常的寬敞」、「今天晚上不回家」指的是住屋（House）；「我家有四口人」指的是家庭（Family）；而「我有一個溫暖的家」則指的是家（Home）。[31]

一九四九年設立於巴勒斯坦伯利恆附近的德黑舍難民營（Dheisheh Refugee Camp, مخيم الدهيشة），為收容大批因以阿戰爭逃離家園的巴勒斯坦難民[32]的臨時避難所。起初難民住在聯合國近東巴勒斯坦難民救濟和工程處（United Nations Relief

---

[31] 畢恆達（2000），應用心理研究，第 8 期，頁 56。

[32] 巴勒斯坦難民為一九四六年前居住於巴勒斯坦，一九四八年戰爭後離開家園的人們，並且難民身份是世襲的。

and Works Agency for Palestine Refugees in the Near East, UNRWA）[33]所設置的帳篷內，一棟棟約莫十平方公尺的單人房舍不斷建立起來。一九六〇年代人口擴增，營區規模擴大一倍至一點五倍之多，且難民開始建造屬於自己的房屋，不再居住在聯合國近東巴勒斯坦難民救濟和工程處的棚屋內，進而逐漸形成另一種生活風貌。二〇一七年，因由文化遺產保存組織 RIWAQ 所舉辦的第五屆雙年展提供的契機，另一遺產保存單位 DAAR（Decolonizing Architecture Art Residency）依世界遺產名錄附件五，向聯合國教科文組織提出建議，保存德黑舍難民營的難民遺產（Refugee Heritage）。

DAAR 的亞歷山德羅・佩蒂（Alessandro Petti）二〇一七年時，於知名藝術評論平台 e-flux 刊出的一篇文章中寫道：「建立難民營的目的是被拆除。作為政治失敗（Political Failure）的典範，原先就沒有歷史，也沒有未來，他們意味著「被遺忘」。

[33] 聯合國近東巴勒斯坦難民救濟和工程處依一九四九年十二月八日第三百〇二（IV）號決議成立，處理加薩、西岸、約旦、黎巴嫩和敘利亞等地的巴勒斯坦難民問題。

因擔心損害未來返回（Return）的權利，難民營的歷史，被國家、人道主義組織、國際組織不斷抹去，甚至難民社群自行強加，使得難民營唯一的歷史就是暴力與屈辱。然而，這裡也是一處富含大量故事的地方，透過她的城市結構來敘述。透過追溯、紀錄、揭示流離的記事，在歷史以外的難民故事，難以想像的難民遺產，藉此企圖超越人道主義。」[34] 二〇一二年，為解決社會、政治性流亡城市的問題，把校園作為營地（Campus as Camp ）的實驗性計畫成為一種社會干預的手段，找尋解決迫切需要的公共空間，並重新塑造大眾長期對於巴勒斯坦與外界關係的想像。計畫並沒有特定的模式，而自行形成公共空間（Common Space）．，採取收集關鍵字的「集體字典」（Collective Dictionary）方式，與社區成員、協會、合作者不斷進行對話，將其轉化為驅動社區的實踐方案，與在地人事物進行深入交往。進而使難民營從邊緣化的城市

[34] Petti, A.（2017）。The Architecture of Exile IV. B，取自 http://www.e-flux.com/architecture/refugee-heritage/（2023.09）。

地區轉變為社會與政治生活的中心；而難民也透過重新建立社會與政治的連結以改善生活。

有天與朋友走訪位於拉姆安拉不遠的卡蘭迪亞難民營（Kalandiya Refugee Camp, مخيم قلنديا），該難民營距離卡蘭迪亞檢查站（Qalandiya Checkpoint, מעבר קלנדיה）[35]與以色列科恰夫·雅科夫屯墾區（Kokhav Ya'akov, כוכב יעקב）不遠。這座難民營於一九四九年由紅十字會在約旦租用的土地上成立，分為八個街區，以色列認為是大耶路撒冷的一部分，目前依舊由以色列控管。沒有隔離牆與檢查站前，此處的居民大多於耶路撒冷工作，而後隨著隔離牆和檢查站陸續設立完成，以色列軍人頻繁進入，也因此影響當地的經濟。聯合國近東巴勒斯坦難民救濟和工程處成立四所學校並提供職業培訓、救濟與社會服務。但此區域的基礎建設，如下水道系統、衛生

[35] 卡蘭迪亞檢查站在二〇〇一年時只是一處路障，現今是西岸北部與耶路撒冷之間主要的檢查站，控制巴勒斯坦人進入東耶路撒冷與以色列，大多使用此處的人大多為東耶路撒冷居民。

條件、建築狀況、公共場所等，因為難民人口逐漸增加，使得居住環境日益惡劣。在那我看見比鄰的房舍，與自立造屋形成如樂高般的建築體，這依舊是他們的家。

七十年過去，卡蘭迪亞難民營內居民自力造屋，形成特殊建築景象及許多建築安全議題。孩童並沒有足夠且安全的公共空間玩耍。

近年，大家逐漸遷出難民營到附近的地區生活，坐在公車上經過卡蘭迪亞難民營附近的另一座阿姆阿里難民營（Am'ari Camp），營區入口處設置了一個很大的牌坊，像似說著：

「**這裡是我們的地方。**」

阿姆阿里難民營入口處

7

——土地記憶：備受壓迫的生活（人物誌）

生活於約旦的第二代巴勒斯坦人

Second generation of Palestinians in Jordan－M

As-salamu alaykum. My name is M. I come from a Palestinian family that lives in Palestine since hundreds of years. My family is one of the biggest families in Palestine until this day. My grandfather and grandmother were born and lived in Haifa and Nazareth up until the occupation. After the occupation of Palestine by the Zionists and the Jewish state was established, they had to leave to the west bank to live and start a new life in a city called Jineen. Then my father and mother moved to Jordan looking for security, stability and better opportunity for themselves and their children.

我叫M，來自於巴勒斯坦生活數百年的巴勒斯坦家庭。 直到今天，仍是巴勒斯坦最大的家族之一。我的祖父和祖母在佔領之前出生並居住在海法和拿撒勒（Nazareth, الناصرة）。猶太復國主義者佔領巴勒斯坦並建立猶太國家後，他們不得不離開西岸，在傑寧開始新的生活。 之後，我的父母搬到約旦，為自己和孩子尋找安全、穩定和更好的機會。

東耶路撒冷居民

Palestinian citizen of Jerusalem－I

According to the "Centre of life" Policy introduced by the State of Israel in 1996, in order to keep my house to get the residency right, I must prove I live and grow up in the old city of Jerusalem. At the same time, I don't have passport.

根據以色列國一九九六年推出的「生活中心」政策，為了保住我的房子以獲得居住權，我必須證明我在耶路撒冷老城生活和長大。 同時我也沒有護照。

"*My father came from Nablus after six-day war in 1967.*"- L, Jordan, 2018

"*I'm Palestinian.*"- Y, Jordan, 2018

"*Because Jordan is nearby Israel, everyone tries to make Jordan is stable and safe. So Economic Crisis is happened to Jordan. The rate of unemployment is increasing steadily*"- A, Jordan, 2018.

"*You know, my son's salary only is JD250 every month, after graduating. Every young people try to look for work outside.*"- AO, Jordan, 2018.

"*My husband and I have to pay half of salary for house to bank. But our amount salary is only JD 500.*"- H, Jordan, 2018

" *We all fight for our right and freedom through literature*" - B, West Bank, 2018

"*I am beta-Jew, and my boyfriend is Palestinian. When I was child, my grandma took my mom, my sisters and I to Israel from Ethiopia. In Israel, every Jewish must serve in army 3 years. Every time when I heard news about conflicts and battles between Palestinians and Israelis, hope peace will come soon.*"-A, 2018

"*I regretted to take my children come to Israel, and shame for the behaviors.*"- G, Jerusalem, 2018

"*I hide myself in Arab world and cope with Arabians to know the world*"-M, Jerusalem, 2018

"*I hope there is no fight here.*"-S, Jerusalem,2018

"*我嫁來這裡已經二十五年，但到現在我仍然試圖讓自己保持中立。*"—— 華裔移民, Jerusalem, 2018

來自加薩之巴勒斯坦裔散居者

Palestinian Diaspora from Gaza－HA

(H: Author)

H: Hello

HA: I am HA from Gaze. I had lived, studies (BA, MA and PhD) and worked as a professor in Germany for 20 years since age 18. However, around six years ago, I got an offer of Aljazeera to organise film workshop and journalist. So, I moved to Qatar.

H: After these years, do you want to go back to Gaza?

HA: Yes, I would like to visit my family. The last time was 12 years ago. Now the political situation by Israeli side does not allow me to visit even though I have Germany Passport.

H: Up till now, do you think you get used to the others' food or cultures more than the cultures and food from your hometown?

HA: Yes. I think it is not very easy to forget childhood memories even though I have lived in other countries for the decades. Also, because of that, I'm lucky to have Palestinian food with some friends.

H: So do you still cook Palestinian food by yourself?

HA: Yes, actually, I cook it very well.

H: Can you share some food you cook before?

HA: Maqluba, Maluheya, Hummus, Felafeh, Bamiya... Typical Palestinian foods are Maqluba and Maluheya, which are my favourites.

H: Can you share your perspectives of Palestinian food?

HA: For example, you can find Maluheya in Egypt or Syria. But I prefer for the Palestinian way to make it, like a soup. The reason is that the meaning and feeling of food is my childhood memory with family or a specific scene. That's why my preference is fixed into the Palestinian frame.

H: Do you think is there any gaps between generations of Palestinian Diaspora?

HA: In my perspectives, for example, I was grown up in Palestine, so I still have the memories of Palestine. Palestine is a feeling for me. However, for those younger generations, they were grown up in other countries. Even though their family share the cultures, traditions and food with them, they cannot really/fully experience what I had experienced before. Palestinian food somehow maybe just food for those younger generations.

H: Some Palestinian diaspora who were born overseas share they have memory with Palestinian food.

HA: Maybe they connect identity and nationality to Palestinian food. But for me, that kind of experiences are different from someone who was grown up in Palestine, the motherland and a place.

H: So, for you, food is a kind of memory, a sense of belonging, and identity.

HA: Yes. It's interaction. I can feel my country through food.

H: Do all of your family still live in Gaza?

HA: The half of them live in Gaza, and another half live in Ramallah.

H: Now, it is challenging to visit Gaza from Ramallah.

HA: Yes, after intifada, it has been difficult. So my family members have been hard to meet each other for 18 years.

H: Are there any differences of Palestinian food between Gaze and the West Bank?

HA: The food in Gaza is saltier and spicy, like Indian food. Another example is like Mansafeh. We don't have it in Mansafeh, but you can find it in the west bank.

H: So does the Egyptian food influence the food in Gaza?

HA: Yes, I think so.

H: How do people manage food every day under the lack of the materials, resources and ingredients?

HA: Most of the ingredients are from Israel, especially water. Gaza has salty water. But sometimes UN sends aid to Gaza. No one uses water from the pipe of houses.

H: Do you invite others to have Palestinian food in Qatar?

HA: Yes, I would like to enjoy food with them and make this gathering as a home and solidarity. Here is not many Palestinians, even though I have lived here for six years. Up till now, I haven't met any Palestinian.

H: What kind of relationship is between Gaza and the West Bank?

HA: Even though the separation caused by political status and territory, those people who experience similar situations, occupation. Hence, we still can feel Palestine.

H: Thank you for your sharing.

H：你好

HA：我是來自加薩走廊（Gaza Strip）的 HA。18 歲時，我在德國生活、學習（學士、碩士和博士學位）並擔任教授二十年。然而，大約六年前，我收到了半島電視台（Al Jazeera）組織電影研討會和擔任記者的邀請。所以我搬到了卡達（Qatar）。

H：這些年過去了，你想回到加薩嗎？

HA：是的，我想去拜訪我的家人。上次是十二年前。現在以色列方面的政治局勢不允許我去訪問，即使我有德國護照。

H：到現在為止，你覺得你對別人的飲食或文化的適應程度是否比對自己家鄉的文化和飲食更習慣？

HA：是的。我想，儘管我在其他國家生活了幾十年，但要忘記童年的記憶並不容易。也正因為如此，我很幸運能和一些朋友一起吃巴勒斯坦食物。

H：那你現在還自己做巴勒斯坦菜嗎？

HA：是的，事實上，我煮得很好。

H：可以分享一下你以前做過的食物嗎？

HA：馬庫魯巴（Maqluba, مقلوبة）、長葉黃麻菜餚（Mulukhiyah, ملوخيه）、鷹嘴豆泥（Hummus, حُمُّص）、油炸鷹嘴豆餅、秋葵燉菜（Bamiya, طبق البامية）……典型的巴勒斯坦食物是馬庫魯巴與長葉黃麻菜餚，這是我的最愛。

H：您能分享一下您對巴勒斯坦食物的看法嗎？

HA：例如，你可以在埃及或敘利亞找到長葉黃麻菜餚。 但我更喜歡巴勒斯坦的製作方法，例如湯的作法。 因為食物的意義和感覺是我童年與家人或特定場景的記憶，這就是為什麼我仍然偏好巴勒斯坦口味。

H：您認為幾代巴勒斯坦散居移民之間是否存在差距？

HA：在我看來，比如我是在巴勒斯坦長大的，所以我仍然有巴勒斯坦的記憶。 巴勒斯坦對我來說是一種感覺。 然而，對於那些年輕一代來說，他們是在其他國家長大的。 儘管他們的家人與他們分享文化、傳統和食物，但他們無法真正/完全體驗我以前經歷過的事情。 不知何故，巴勒斯坦食物對年輕一代來說只是食物。

H：一些出生在海外的巴勒斯坦散居移民分享了他們對巴勒斯坦食物的記憶。

HA：也許他們將身份和國籍與巴勒斯坦食物聯繫起來。 但對我來說，這種經歷跟在巴勒斯坦祖國這個地方長大的人不同。

H：所以對你來說，食物是一種記憶、一種歸屬感、一種身份。

HA：是的。 這是互動。 我可以通過食物感受到我的祖國。

H：你的家人都還住在加薩嗎？

HA：他們一半住在加薩，另一半住在拉姆安拉。

H：現在，從拉姆安拉訪問加薩是一項挑戰。

HA：是的，起義之後，這很困難。 就這樣我的家人十八年來都很難見面。

H：加薩和約旦河西岸的巴勒斯坦食物有什麼不同嗎？

HA：加薩的食物比較鹹，比較辣，像印度菜。 另一個例子是馬薩菲。 我們在曼薩法沒有這道菜，但你可以在西岸找到它。

H：那麼埃及的食物會影響加薩的食物嗎？

HA：是的，我想是的。

H：在缺乏材料、資源和食材的情況下，人們每天如何管理食物？

HA：大部分材料來自以色列，尤其是水。 加薩是鹹水。 但有時聯合國會向加薩提供援助。 沒有人使用房屋水道中的水。

H：你會邀請別人在卡達吃巴勒斯坦菜嗎？

HA：是的，我想和他們一起享受美食，讓聚會變成家和團結的感覺。儘管我在這裡住了六年，但這裡的巴勒斯坦人並不多。 到目前為止，我還沒有見過任何巴勒斯坦人。

H：加薩與約旦河西岸之間是一種什麼樣的關係？

HA：**儘管有政治地位和地域造成的分離，人們些經歷相似處境、職業。 因此，我們仍然可以感受到巴勒斯坦。**

H：謝謝您的分享。

第三部

飲食記憶 Food Memory

1

——穿梭於巴勒斯坦的餐桌間

這趟奇幻旅程，因為各國的朋友協助，順利地來到這裡。直到真正離開，才能看清心中的混亂。成為半個局內人後，在邊界吸入一口解放的空氣；但進到下個國度，卻遇到另一種不自由的氛圍，依舊束縛。

伊本・巴圖塔（Ibn Battuta）曾說過一段話：「旅行能讓你在遊歷時找到家的歸屬，卻在真正回家時如陌生人般轉身離去。（Traveling - it gives you home in thousand strange places, then leaves you a stranger in your own land.）」而我在這段穿梭不同場域的旅行間，拼湊那些人、記憶與紀念物，食物大概是最核心的一個取徑。透過日常生活的飲食，同桌共食[36]（Commensality）的概念、與母親／女性共煮

---

36 在聖經〈箴言〉十五章十七節提到：「吃素菜彼此相愛，強如吃肥牛彼此相恨。」因此，同桌共食這類社會進食的脈絡，令菜餚美味是來自用餐的人，非這頓飯本身（Egerton 1994:171）。

的行為[37]，體會到米歇爾・德・塞托（Michel De Certeau, 1925-1986）（1984）在《日常生活實踐》（*The Practice of Everyday Life*）中提到，日常生活中兩種並置的權力概念：策略（Strategique）（國家制度，如大規模的壓制）與戰術（Tactical）（人民游擊式的反抗）。這兩種權力建構了日常生活場域中相互作用的張力與活動狀態，使得日常生活成為宰制與抵抗的場域。而透過「使用」（Usage）的方式，可以辨認出一些「行為」，而「行為」有個人的獨特性與創造性；至於獨特性與創造性則來自於迥異的個人生活和文化背景，透過日常生活中可得的材料、拼貼或並置、重新安排，創造出來的。而回到個人的日常生活經驗與生產，米歇爾・馬費索利（Michel Maffesoli）（1989）指日常生活的零碎與片段產生一個整理關係，在日常生活中有許多不同的內容與小概念（mini-concepts）拼湊整合出人們日常生活的每個部分（引自

---

[37] 民俗學家珍妮特・特奧法諾（Janet Theophano）於《*Eat My Words: Reading Women's Lives Through the Cookbooks They Wrote*》一書中提到透過食譜讓探究「幾近無聲、被遺忘」的女性，他們對於社會與文化的見解（2002:3）。

吳鄭重，2010，144）。分享食物似乎擁有不可思議的能力。關於食物與記憶之間的連結，不得不提到馬塞爾・普魯斯特（Marcel Proust）作品《追憶似水年華》（*Remembrance of Things Past*）第一冊提到瑪德蓮小蛋糕的回憶（1934:34）。且依據科學研究發現，嗅覺會喚起腦部杏仁核通往海馬迴的橫向連結，如果某個嗅覺氣味將我們帶至味覺上的話，童年的回憶也會因此鮮明而原封不動地出現在我們面前，原因是這兩者在我們記憶的遙遠深處存活了下來（漢娜・蒙耶、馬丁・蓋斯曼，2015；薛宇桐，2017）。食物成為個人記憶與集體認同的媒介。如安娜・巴德肯（2012；許晉福譯）於《戰食和平：關於戰爭與食物的真實故事》（*Peace Meals: Candy-Wrapped Kalashnikovs and Other War Stories*）一書裡提到於戰場採訪的經驗，當地居民雖然外頭烽火連天，依舊邀請她到家裡吃飯；即使戰爭，仍準備著節慶時使用的佳餚。

耶路撒冷老城的大馬士革門

眾所皆知，耶路撒冷老城內引人注目，莫過於賣著各式中東食物的店家，由鷹嘴豆、蠶豆或兩者製成的油炸餡餅、鷹嘴豆泥。沿著大衛街（David Street）穿梭在老城的巷弄間，叫賣聲此起彼落不絕於耳，十元十元，食物之旅就這麼開始了。

大馬士革門內的攤販

Hummus حمص بطحينة 食譜

- 1 canned chickpea
- ¼ cup sesame oil (Tahini)
- ¼ cup of water
- one freshly squeezed large lemon
- 1 clove garlic
- salt to taste
- jalapenos (optional)
- Parsley to garnish (optional)

Falafel فلافل 食譜

- 1 pound or about 2.5 cups dried hummus (chickpeas)
- 1 bunch of parsley stems out
- 1 onion peeled
- 3-4 garlic cloves peeled
- 1 medium-size potato peeled
- 1 teaspoon cumin powder
- 1 teaspoon coriander powder
- 2 teaspoons baking powder
- 1 teaspoon salt
- 3-4 cups oil for frying (recommended avocado oil or grapeseed oil)

在老城的苦路上（Via Dolorosa），有一間巴塞姆畫廊咖啡店（Bassem's Gallery Bookshop Café）。某天，等待另一位朋友的空檔，與店主聊起這間咖啡廳的歷史。此咖啡廳由其叔叔巴塞姆・哈拉克（Bassem Hallak）成立，至今已經五十年之久。在巴塞姆逝世後，店主為了保留叔叔的味道，他將叔叔周遊列國所收藏的物件，作為店面的裝飾，也將特殊的口味傳承下來。

在泡著香醇的茶與咖啡時，他跟我提到，巴塞姆畫廊咖啡店的故事，得從猶太記者邁克・賽格（Mike Sager）於二〇一五年所撰寫完成的《與巴塞姆的旅行：巴勒斯坦人和猶太人於飽受戰爭蹂躪的土地上尋找友誼》（*Travels with Bassem: A Palestinian and a Jew Find Friendship in a War-Torn Land*）[38]說起。這是一本猶太裔記者賽格與巴勒斯坦裔的巴塞姆相遇旅行的故事。巴塞姆是位穆斯林，說著一口流利

---

[38] 詳細資料可參考：https://www.amazon.com/Travels-Bassem-Palestinian-Friendship-War-Torn/dp/0991662997。

的英語、德語、法語、義大利語、希伯來語與阿拉伯語，在耶路撒冷老城通往獅子門（Lion Gate）的苦路上經營一間咖啡廳，這條路也是耶穌苦路；他曾擔任導遊與記者的隨行翻譯。一九八八年賽格為報導約旦河西岸與加薩地區巴勒斯坦人的生活實際狀況，聘請年齡相仿的巴塞姆擔任翻譯。背景與文化截然不同的兩個男人，因為這塊聖地相遇，一同訪問醫院、城市與難民營，目睹鬥爭的經過，日益增長的情感跨過了差異的鴻溝。隨後，賽格將這趟旅程書寫下來。巴塞姆於二〇一四年末在橄欖山家中死於心臟病。

雖然巴塞姆已離世，其故事卻由其姪子（店主）延續下去。店主將繼續經營咖啡廳，將叔叔巴塞姆收藏的物品作為店內的裝潢，重新以「Bassem」命名咖啡廳。

巴塞姆畫廊咖啡店內部，裝潢仿照貝都因帳篷，內有許多巴勒斯坦傳統服飾，儼然形成一座小型博物館。

當我跟店主聊得正開心時，一位擔任廚師的朋友匆忙進到店裡，用阿文說著：「أنا آسف على التأخر（Sorry, I am late.）」。接著說「走吧！我們去逛逛。（يلا（Yalla），Let us go around the city.）」。那天走在城裡昏頭轉向，尚未回神時，已經到了位於聖墓教堂旁的三大市場。走進市場，買了炭烤羊肉（Kebab, كباب），典型的「阿拉伯飲食」。隨後，我們來到市場正上方，唯有當地人知道的絕佳座位。

住在耶路撒冷老城裡的那段時日，這裡成了我**放鬆身心的秘密場所**。

阿拉伯人常喝的飲品之一—薄荷檸檬茶

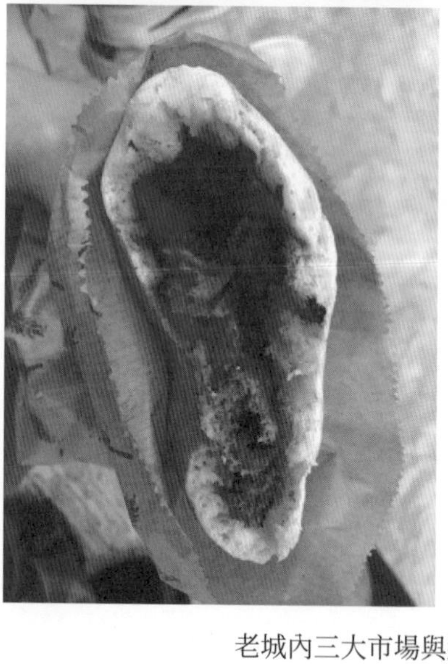

老城內三大市場與經營已久的炭烤羊肉店

每次旅途，總覺得時光飛快，好幾次都不覺就來到齋戒月，伊斯蘭曆中的第九月，也是最神聖的月份。齋戒的三十天內，在日出到日落穆斯林需要禁食，每日的這段時間反思自我，餵養靈魂，同時也是與家人朋友相聚的日子。且齋戒月期間的季節性食物對於穆斯林來說是相當重要的。二〇一八年的齋戒月期間，我也跟著齋戒。但可能還是不適應，僅僅過了一週，就黯然放棄。

齋戒月期間的老城夜晚

那段難忘的日子，現在閉眼回想，總會回到老城內擁擠熱鬧的街道，每當日落時分，總會看到許多人忙著準備食物。老城又在這時活了過來，滿街的香氣，刺激唾液分泌；人們紛紛趕著進城，趕在最後一次喚拜聲響起時，準備與大夥用第一餐。（喚拜聲響起）日落最後一次的禱告聲響徹整個老城，像似交響樂團奏上一曲詠唱文化與傳統的樂曲。當禱告一結束後，馬上吃上一顆椰棗，喝上一口水，拿起餐具—漫長的第一餐（Iftar, إفطار）開始了。

這期間的老城，熱鬧無比，但這樣的熱鬧卻沒有擴及到猶太人區與亞美尼亞人區，穆斯林區的街道是掛滿七彩炫目的不夜城，通宵達旦，巴勒斯坦菜餚的味道蔓延整座城市，也唯有這時，讓我有機會嚐遍季節期間的佳餚與甜點。也體會到千古之城的一部分魔幻魅力。

說起菜餚，典型的巴勒斯坦菜餚會使用各式香料、大蒜、洋蔥、橄欖油等，例如開胃菜（Meze, مقبلات）通常以大餅或棍棒麵包（Pita、Shrak 或 Tabon）一起搭配食用，同時還有新鮮蔬菜野生錦葵（Khobbeizeh, خبيزه）、蒲公英葉（hindbeh）、芥菜（hwerneh）、芝麻葉（Jarjeer）、甜菜，馬齒莧（Baqleh, بقلة）、菠菜和野生百里香（Za'atar, زعتر）。此外，除了鷹嘴豆泥外，還有一道淋上芝麻醬的烤茄子泥（Tahini, طحينة），以及久久不能忘懷傑寧的漆樹香料醃製雞所製作的米飯的穆薩坎（Musakhan, مسخن）、耶路撒冷的七香燉飯馬庫魯巴與希伯崙（Hebron）的帶骨羊肉配五香米飯（Qidreh, قدرة）。

猶記某晚，朋友問說要不要一起吃齋戒後的第一餐，那天朋友準備了帶骨羊肉配五香米飯，字面的意思是阿拉伯文中的鍋，為經典的希伯崙食物。問了朋友做法，首先在銅鍋中放入羊肉、飯、蒜與香料置於烤爐中悶烤一段時間即可上菜，再搭配番茄沙拉與酸奶一起吃，增添了不少層次的食物風味。傳統上，這是一道聚會菜餚，先將肉塊取出後，鍋內的食物倒置於大盤上，重新排列肉塊接著撒上杏仁就完成了。在齋戒月期間，往往於第一餐結束後，大夥會繼續享用甜點庫納法、阿拉伯煎餅（Qataif,

قطايف）或巴勒斯坦棗圈餅乾（Kaak bi Ajwa, كعك بالعجوة），最後則是帶荳蔻的土耳其咖啡（Qahwe, قهوة）或含有新鮮薄荷的茶（Istikanet shay, شاي النعناع）。

過了好幾個小時後，才真正完成用餐。

開胃菜

齋戒後的第一餐，主要會有一道主食，如圖為帶骨羊肉配五香米飯。

Qidreh قدرة 食譜

- Lamb Preparation
  - 12 Cuts of medium-sized lamb (preferably lamb shoulder)
  - 2 tbsp Filppo Berio California Extra Virgin Olive oil
  - 1 tbsp Salt
  - 1/2 tsp Black Pepper
  - 1 tbsp Ground Allspice
  - Boiling Water
  - 1/2 tsp Turmeric
  - 1/2 tsp Garlic Powder
  - 1 Onion, quartered
  - 4 Bay Leaves
  - 4 Cardamom Pods
  - 2 Garlic cloves
  - 1 Cinnamon stick
- Rice Preparation
  - 1 tbsp Filippo Berio California Extra Virgin Olive oil
  - 1 Yellow Onion, chopped
  - 20 Garlic cloves, halved
  - 1/2 tsp Ground Cumin
  - 1/4 tsp Turmeric powder
  - 1 tbsp Seven Spice
  - 1 tsp Salt
  - 2 cups Basmati rice, rinsed in water and drained
  - 15 oz. Chickpea can, drained
- Garnish
  - 1/3 cup Toasted Slivered almonds or pine nuts
  - 1 tbsp Ghee

Meze مقبلات 食譜

- 1 plate of Mutabal
- 1 plate of Hummus
- 1 bowl of Falafel
- 1 plate of Labneh
- 1 plate of Makdous
- 1 plate of paprika or za'atar
- 3 to 4 tablespoons of tahini.
- 5 tablespoons of extra virgin olive oil
- 1 plate of pita bread

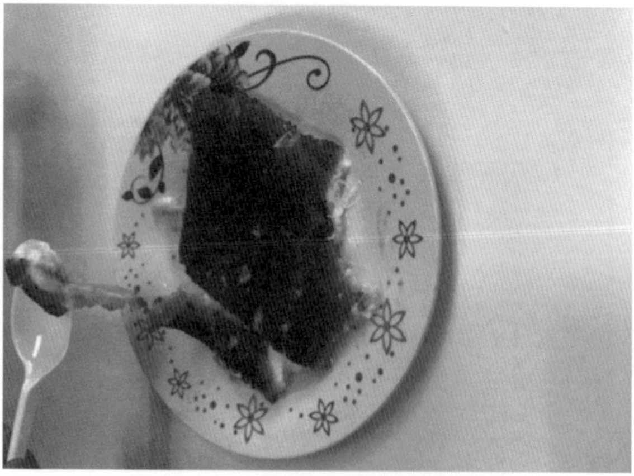

巴勒斯坦傳統甜點，上圖為阿拉伯煎餅，

下圖為庫納法。

Knafeh كنافة 食譜

- ½ pound of Kataifi (8 OZ) (half of the bag)
- 1 pound of cheese
- ½ cup unsalted butter or ghee
- ¼ crushed pistachios
- 1 cup sugar syrup

一如往常，老城繁華的市場與充滿活力的街道，的確令人十分著迷；但居住在此一段時日之後，感受到跟其他城市不同的緊張局勢，對於以色列人來說是回歸祖國，然而阿拉伯人而言是被佔領的（Occupied）。在爭取城市的鬥爭中，食物也成了傳遞身份、歷史、文化與價值觀的途徑之一，也成為各方間的共同話題。我不曉得嚐過多少食物，與當地人共煮共食、交換過幾次食譜，有天來到位於希律門（Herod's Gate, باب الساهرة）外的教育書店（Educational Bookshop），舉凡以巴勒斯坦為主題的書籍皆可在此找到。在書局裡，我看到一張印象深刻的明信片，正面是一塊插著巴勒斯坦旗幟的油炸鷹嘴豆餅。於是問了朋友關於對於食物認同的看法。

有幾位朋友說：「食物總提醒著阿拉伯人與猶太人千年交融後的共同歷史與文化，這些在分裂的政治中很容易被人們遺忘。即使生活在衝突之中，依舊有很多廚師，他們在廚房裡共同工作，共同烹飪，透過食物作為媒介與他人討論歷史、傳統與文化。」

但，我的內心，依舊有著疑惑：**「真有這麼容易化解深根的誤會？」**

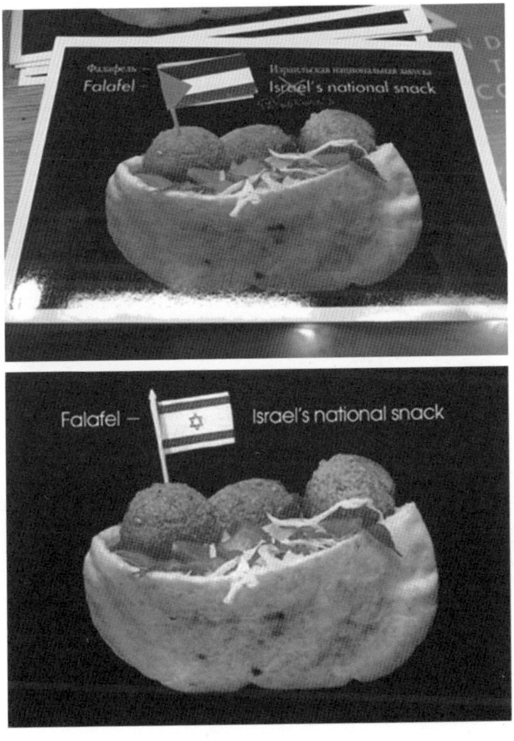

油炸鷹嘴豆泥餡餅的廣告

2 ——這是怎樣的融合、佔領與標籤的過程？

於是，有天我對巴勒斯坦朋友A提到，觀察到猶太人也吃著油炸鷹嘴豆餅、鷹嘴豆泥、沙威瑪，而A卻說：「因為以色列人試圖竊取我們的文化與身份，所有的一切，從土地、歷史、民間傳說、傳統服飾與食物，例如：他們說油炸鷹嘴豆餅是以色列的，鷹嘴豆泥、阿拉伯沙拉、芝麻醬也是。」

突然間，將思緒拉回食物所代表的文化象徵與民族認同。如同社會學家蓋瑞・阿蘭・費恩（Gary Alan Fine）所說：「食物界定了我們是誰、從哪裡來，以及我們想要成為什麼，『食物揭露了我們的靈魂』。」食物是「社會事實的高度濃縮」，人類學家阿君・阿帕度萊（Arjun Appadurai）如是觀察，「也是一種可塑性極高的集體再現。」（引自貝拉史科，2008；曾亞雯等譯，2014，2）。飲食學者探問，哪些群體負責賦予族裔料理「道地」的地位，而這個過程又牽涉了什麼權力動態（引自強斯頓等，2009；曾亞雯等譯，2018，125）。

回想起在約旦旅行期間，巴勒斯坦難民後代M與我分享：「巴勒斯坦的傳統教我們好客，經過商店或住家時，大家都會提供一杯茶或咖啡。巴勒斯坦人以其美味的食物、飲料、甜食、橄欖油、草藥等聞名，從馬庫魯巴、以葡萄葉、茄子和櫛瓜等製作的葡萄葉捲（Warak Enab, ورق العنب）到庫納法等甜點，還有扁豆湯，越來越多，持續不斷。而這裡的橄欖樹可以追溯到喔一千兩百年前，仍在生產目前世界上最好的橄欖油。」（M，2018）。

而這樣的認同包含諸如品味、家庭和族群背景、個人記憶（特定食物與過往事件之間的聯想，無論好壞）與價值觀等因素。

「依循人類學家彼特・法伯（Peter Farb, 1929–1980）與喬治・阿米拉格斯（George Armelagos）（1980: 190-98）的做法，我們採取一種更寬廣的視野，主張所有群體都擁有可以辨別出來的「料理」，那是一組共享的『規矩』、習俗、交流、習慣等等。」（貝拉史科，2008.，曾亞雯等譯，2014，12-26）。

因此，在工作之餘，時而跟東耶路撒冷朋友A[39]聊到食物在文化上所扮演的角色。有次，她娓娓道來說著：「我討厭獨自吃飯，從不單獨吃飯。與家人朋友共食能夠分享一天中發生的事情，食物作為家人、朋友之間溝通的媒介，餐桌成為分享的重要場域。例如，在每週末——星期五時，我們總會製作手抓飯、馬庫魯巴或穆薩坎等傳統食物，我稱這些食物為慢食（Slow Food），與速食不同，它需要時間吃飯、聊天與交流。」

仔細回想，無論與同事共同吃早餐，與朋友吃著齋戒之後的第一餐，總是等人到齊後，緩緩地開始，喝著茶或咖啡，抽著水菸（Shisha, ارجيلة），七嘴八舌地聊著家務事、工作、社會時事。早餐的會面與晚餐的共煮共食，在伊斯蘭文化中扮演串連的重要角色。接著，A提到作為一名女性，傳統上，製作食物是妻子的責任（雖然現在

39 A是出生在東耶路撒冷的巴勒斯坦人，擁有藍色居留證，目前區住在巴勒斯坦西岸地區。

這樣的觀念已經逐漸消逝），我們可能在青少年時期或婚後，大多向祖母、媽媽或當地女性學習烹飪，將味道傳承下來。然而，男性學習烹飪，可能因為獨居或旅遊。

A繼續說著：「但你有發現嗎？大多數的廚師都是男性，而女人只負責家裡的食物。」

與朋友、家人共食

Warak Enab ورق عنب 食譜

- 40-50 grape leaves
- 1 cup rice, soaked, rinsed and drained
- 1/2 lb grassfed ground beef or lamb
- 1 tsp sea salt
- 1/2 tsp pepper
- 1 tsp allspice
- 2 tbsp olive oil
- Seasoned stock （chicken, lamb, beef） or water, enough to coverSalt , black pepper & allspice o taste

Kousa Mahshi (Stuffed baby summer squash)

كوسا محشي 食譜

- 4-5 lbs cousa, washed
- Water, or Bone Broth, enough to cover
- Optional, added chicken pieces,or meat pieces, browned, and layered in
- 1 cup white rice, soaked, rinsed and drained
- 3/4 lbs ground grassfed beef or lamb
- 1 tsp salt
- 1/2 tsp pepper
- 1 1/2 tsp allspice
- 3 tablespoons olive oil, particularly if the meat is very lean

這些分享，讓我想起一些故事，如納粹集中營裡分享過往料理食譜的猶太人，以分享無酵餅[40]來獲得情感支持；或是參加韓戰的爺爺們共同製作饅頭來消弭鄉愁。

＊＊＊

「食物對於族群認同相當重要，也成了一種抵抗詆毀的形式。」

[40] 無酵餅為猶太人紀念逾越節的麵包，可追溯至《聖經．出埃及記》的記載。

西耶路撒冷內的市場

由於民族間相互影響及融合的飲食型態，在以色列人的市場能買到的食材與耶路撒冷差異不大。

納布盧斯老城內的市場

空蕩的耶路撒冷老城依舊是採買民生用品的重要場所

3
—衝突與缺乏之資源

食物，對於個人、社會與民族文化相當重要，但在衝突跟有限資源下，西岸與加薩的巴勒斯坦人在滿足基本生活需求時遇到不少困難。我每每趁著到市場買菜時，總會與攤販小聊幾句。被控制與佔領的生活，仰賴對方的資源，看起來熱鬧的市場，背後卻是高額的稅賦與人民生活的艱困，而這一切只會每況愈下。

這樣的情況，沒想到是在耶路撒冷這座老城最為顯著。原本擁有藍色居留證的巴勒斯坦人必須繳納比以色列人更多的稅賦，為了證明自己有居住的權利，再辛苦都要堅持住住家或店面。二〇一八年的旅途，走在老城內不禁傷感，因為衝突觀光人數銳減，即使在齋戒月期間，卻安靜的鴉雀無聲；賦稅的增加、治安的不穩定、資源分配不均，當走在三大市場，目睹一間間拉上鐵門的店面，空蕩蕩，杳無人煙。

在老城內賣菜的老闆說著：「**這座城是在地的重要市場，因衝突關係，收入下滑、生活品質隨之降低，連帶我們的生存也成了最棘手與迫切的問題。**」

帶我繞老城的朋友廚師提到，幾次見面他都提到想要留下巴勒斯坦食物的傳統，同時不斷嘗試創新料理。下次來一起吃飯吧！讓你看看我的料理。為了更瞭解民生狀況，我訪問了幾位攤販老闆，「我從以色列買了大部分產品，還向拉姆安拉附近的拜特利奇亞市（Beit Liqya, بيت لقيا）的農夫購買！部分食材是從以色列取得，有些是當地的，現在市場生意越來越不好囉……」「這些牛隻都是當地養殖，品質很好！你能想像戰爭前市場興盛的樣子嗎？現在一年不如一年了……」「我住在另一個城市，不曉得賣巴勒斯坦傳統果汁（番紅花汁）有多久了，不只是節慶，現在平日也會出來兜售。」

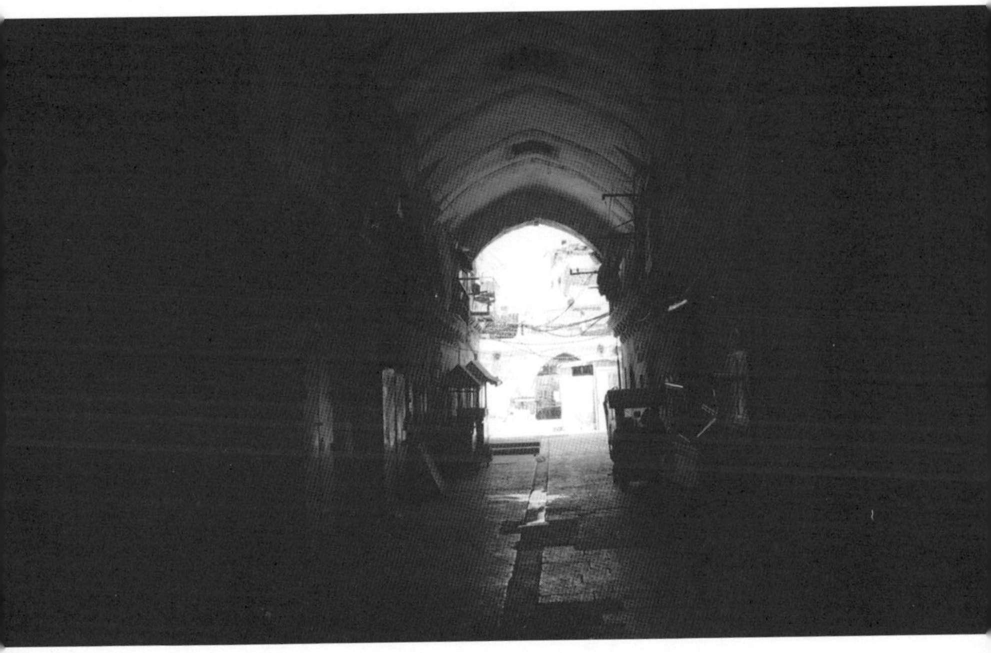

4

來自老城市場的留言

耶路撒冷 Jerusalem

I'm a Palestinian chef. I have tried to preserve Palestinian traditional food and attempt new dishes. Next time, let us eat together! I will show you my dishes.

我是一名廚師，想要留下巴勒斯坦食物的傳統，同時不斷嘗試創新料理。下次來一起吃飯吧！讓你看看我的料理。

These painted tiles were manufactured and painted by hand with factory-made tiles in the West Bank. Later, it was purchased from a factory in Israel specializing in the production of tiles and then painted. But now they are out of business too...can only be purchased from overseas.

這些彩繪磁磚是在西岸生產的。以前是由西岸的工廠製造磁磚再以手工畫上。後來，向以色列一間專門生產磁磚的工廠購入後，再進行繪製。但現在他們也停業了……只能由海外購入。

巴勒斯坦西岸 Palestine West Bank

拉姆安拉 （Ramallah, رام الله ）

This is the oldest salon in Ramallah. The owner said he decided to come back because he hoped there would be a bright future in Palestine. But it seems an endless journey.

這是在拉姆安拉經營最久的理髮廳，回來，就是為了希望巴勒斯坦能有更好的未來，但似乎還有一段很長的路。

I am working in the market and studying engineering for a year! I'm an engineer by day and a vegetable seller by night, which my dad started. I love it here. My older brother only works here and has no education, but you know what? He is the wealthiest man among us. It's not about education, and it's about country and government! This market is local, but things will become worse or not be more organised than now in the future! The rent here is 20 shekel per day!

這一年以來，我在市場上工作並學習工程！我白天當工程師，晚上在市場工作，但我喜歡這裡。我的大哥他只在這裡工作，沒受過教育，但你曉得嗎？他是我們之間最有錢的人，無關乎教育，而是國家和政府的問題！這個市場是一個本地市場，但因為現在的情勢不可能變好或更有條理！這裡的租金是每天二十謝克爾（Shekel）[41]！

[41] 謝克爾（Shekel）為現行以色列通用貨幣單位。巴勒斯坦西岸也使用該貨幣。

I buy most of the produce from Israel and Beit Leqya farmers near Ramallah! Some ingredients are obtained from Israel, and some are from the local area. Now the market business is getting worse and worse....

我從以色列買了大部分產品，還向拉姆安拉附近的拜特利奇亞農夫購買！部分的食材是從以色列取得的，有些是當地的，現在市場生意越來越不好囉……

Do you want to repurchase 200 g of beef today?

今天又要買牛肉兩百克嗎？

These cattle are all locally raised and of very high quality! Can you imagine what the market was like before the war? It's getting worse yearly now...

這些牛隻都是當地養的，品質很好！你能想像戰爭前市場興盛的樣子嗎？現在一年不如一年了……

After graduating from university, I decided to run my family's juice shop. This kind of beverage shop is quite popular here. We are open 24 hours for people who work at night! Sometimes when conflicts arise... we must close the shop.

大學畢業決定要繼承家傳的果汁店，這樣的飲料店在這相當流行，我們二十四小時營業服務晚上工作的人！有時衝突發生時，……我們必須關店。

I live in another city. I don't know how long I've been selling saffron juice. Because the economy is not good, it's not just for festivals, but now it's also sold on weekdays.

我住在另一個城市，不曉得賣番紅花汁多久了，由於景氣不好，不只是節慶，現在平日也會出來兜售。

I am not married, have no family members, and am almost 60 years old now. I am in poor health and cannot work, so I can only rely on government aid and the assistance of my neighbors.

我沒結婚，也沒有家人，現在已經快六十歲了，身體不好無法工作，只能靠政府給的救助金與鄰居協助過活。

巴勒斯坦西岸 Palestine West Bank

納布盧斯（Nablus, نابلس）

My family's soap factory is one of the three Nablus families, but I have inherited the family business since my father fell ill. At present, the operation is terminated, and I am still thinking about whether it can continue...

我家的肥皂工廠是納布盧斯三大家的其中一家，自從爸爸生病後，由我繼承家業。目前營運終止，還在思考能不能繼續下去……

5 — 去地域化的故事

就像這裡，相同的「去地域化」（De-localization）故事到處都有。為了尋求更多食物，某個民族會入侵、殖民或以其他方法支配另一個民族（貝拉史科，2008；曾亞雯等譯，2014，146）。這些經歷不過只是皮毛。望著一九三六年由平面設計師弗朗茨・克勞斯（Franz Kraus）設計的海報「拜訪巴勒斯坦（*Visit Palestine*）」，戰爭之後，卻成了巴勒斯坦民族意識的象徵。王鼎鈞（2005，433）《關山奪路》一書中所說：「等待了一輩子的自由。」那自由對於在這塊聖地上生活的人們來說，似乎還難以擁有。

Franz Krausz, Visit Palestine, 1936

第四部

藝術的干預 Art Intervention

1 | 巴勒斯坦藝術語彙的家園與抵抗[42]

Palestinian Homeland and Struggle in Arts

42 本文收錄自朱筱琪（2021），〈淺談巴勒斯坦藝術語彙的家園與抵抗〉，二〇二一年八月刊載於典藏今藝術投資 第三百四十七期，100 -103 頁。

二〇二一年的以巴衝突始於五月六日巴勒斯坦抗議者與以色列警方在東耶路撒冷謝赫·賈拉社區（Sheikh Jarrah, الشيخ جراح）發生的衝突，抗議以色列最高法院對於是否驅離當今居住於該社區的巴勒斯坦居民的判決。隔日於耶路撒冷日與齋戒月的開齋日期間，位於聖殿山的阿克薩清真寺爆發雙邊衝突；之後更發生加薩走廊與以色列之間的交火。這一系列的事件激起國際關注，許多聲援巴勒斯坦抵抗的藝術家們在網路與社群媒體上，以巴勒斯坦元素為象徵的創作，發起不同的倡議運動，包括因謝赫·賈拉社區事件所繪製的插畫。

以巴衝突基於雙方於一塊土地的主張而引起的爭端，亦是現今持續的衝突之一。衝突的根源始於十九世紀後期，猶太復國主義意識型態逐漸興起，且歷經猶太人大屠殺事件後，建立安全家園成為團結猶太民族的目標，自此有許多猶太人移民至歷史悠久的巴勒斯坦土地，使得原先的社會與人口結構發生變化，小規模衝突不斷，族群與政治分裂逐漸顯著。隨後一九四七年的聯合國巴勒斯坦分治計畫和以色列於一九四八年宣布獨立建國，導致領土爭端與衝突越趨嚴重，之後即引發巴勒斯坦大流亡的災難日等事件發生，原先居住於此塊土地上數以萬計的巴勒斯坦人失去家園且成為難民；經歷多次的戰爭，長年面臨的強制驅離、拆遷、屯墾區擴張及高聳的隔離牆壓縮原本生活空間，土地、家園、鄉愁、驅逐、流亡等關鍵字在世代的巴勒斯坦人心中烙下不可抹去的印記。

這些領土與人權等議題，使巴勒斯坦透過各種抵抗，來爭取於歷史悠久土地上的主權並為自由抗爭，包含巴勒斯坦藝術家，藉由各類創作，如油畫、海報、行為藝術等，形成一股抵抗力量，傳播佔領下的日常生活，其形成的藝術語彙成為反思巴勒斯坦問題的重要方式。而巴勒斯坦的政治史可以被描述為一部通過藝術創作和視覺符號進行的鬥爭史。因此，本文將分享巴勒斯坦藝術家如何透過藝術實踐回應身份歸屬與家園連結，又如何在其面臨的各種挑戰中試圖抵抗。

因 2021 年引發的謝赫·賈拉社區事件，於社群媒體上發起 #SaveSheikhJarrah 的運動。創作者：warsheh。

巴勒斯坦藝術與土地之間的連結

回溯巴勒斯坦藝術的發展歷史，受宗教影響，直至十九世紀後期，帶有阿拉伯文化視覺元素的宗教類主題，依舊是巴勒斯坦藝術的核心。而因十九世紀後期，逐漸興起的猶太復國主義計畫藉由藝術、建築符號等，來強化猶太民族精神及領土空間的想像，為新定居領土提供具體的想法。故自此時期到一九四八年第一次中東戰爭爆發後，巴勒斯坦藝術家尼古拉・賽格（Nicola Saig，1863-1942）與哈立德・哈拉比（Khalid Halabi，1889-1964）等人，帶領當時創作主題從宗教轉向更為世俗的日常生活。爾後，一九六七年六日戰爭爆發，巴勒斯坦藝術面臨以色列的嚴格審查制度，藝術家被禁止創作帶有巴勒斯坦國旗顏色的畫作、畫廊被強制關閉、展覽取消，或是藝術家被逮捕，大多的藝術行為受到以色列當局的緊密控制，因為被視為召集集體民族認同與抵抗。種種因素使得巴勒斯坦藝術家透過藝術實踐，不僅回應巴勒斯坦人所面臨的困境，更回應對於土地與家園的聯繫，開始逐漸聚焦於身份、記憶、地方與抵抗等相關的主題，描繪日常生活也成為具政治影響力的圖像，如仙人掌等符號代表土地及家園的隱喻，象徵性符號已逐漸體現藝術家對巴勒斯坦文化、政治存在兩者關係的洞察，以及藝術家透過藝術實踐保存社會文化的企圖。

巴勒斯坦藝術家扮演了政治詩人的角色，利用創作來翻新政治修辭。如藝術家伊斯梅爾．沙穆特（Ismail Shammout，1930-2006）的創作描繪出巴勒斯坦人的境遇。儘管面臨日常生活的各種壓迫，仍持續以堅韌毅力抵禦現實的橫逆；作品常看到家園的象徵耶路撒冷老城，及清真寺與教堂等，種種形象均傳達巴勒斯坦人回歸故土的夢想。另外，自一九六七年被迫流亡的藝術家卡邁勒．博拉塔（Kamal Boullata，1942-2019）受耶路撒冷建築語彙、阿拉伯文字與伊斯蘭文化影響啟發，在他的創作中透過重複的幾何弧形、蔓藤花紋等元素及文字來表現對於家園的強烈情感；其著作《巴勒斯坦藝術：一八五〇年至今》（Palestinian Art: From 1850 to the Present，2009）彙整大災難前後巴勒斯坦藝術創作，還對當時藝術發展提出了自身的見解。

此外，如巴勒斯坦學者愛德華．薩依德曾說：「當政治身份受到威脅時，面對抹殺、消滅和排斥的企圖，文化就會成為一種抵抗工具。抵抗是一種以記憶換取遺忘的形式，一個無國籍的人會考慮將寫作或藝術作為居住的家園。」藝術家斯利曼．曼蘇爾（Sliman Mansour，1947-）則透過象徵性的表現主義，來呈現對於土地與巴勒斯坦的情感，他也成為當今巴勒斯坦抵抗藝術中，標誌性的藝術象徵之一。著名的畫作《Jamal Al Mahamel II》（The Camel/Carrier of Hardships II，1973）描繪一位身穿巴勒斯坦傳統服飾的老人，如一位父親或祖父肩背耶路撒冷漫步，暗示著過去歷史與阿拉伯民族之間的關係，也代表著巴勒斯坦人背負失去失去家園的想法。一九七五年海報上再版這件作品時，以各種形式被複製，成為了藝術、抵抗與地方認同的重要指標，這幅畫的象徵意義深根蒂固地留存在巴勒斯坦人的集體意識之中。納賽爾．阿布法爾哈（Nasser Abufarha）於一九八九年出版的著作《The Making of a Human Bomb: An Ethnography of Palestinian Resistance》一書中，寫到他的這件作品象徵著「鬥爭的負擔，歷史沉重的負擔」（The burden of the struggle, the heavy weight of history）。而曼蘇爾其他的作品中，也不難看到許多象徵與土地、巴勒斯坦連結的符號，如披著白色披肩及身穿巴勒斯坦傳統服飾的女性，手中拿著土地的生產的農作物如橘子、石榴等，或者帶有象徵和平橄欖枝等。由於不少作品隨後以海報的形式出版，對於巴勒斯坦社群帶來許多影響，這樣的符號象徵性，也啟發往後的巴勒斯坦藝術家於創作中運用各類符號彰顯巴勒斯坦的存在。如曼蘇爾曾說：「有些人甚至否認我們的存在，否認巴勒斯坦文化和身份，所以藝術以此鬥爭，它為無家可歸的藝術家提供了一個家。」

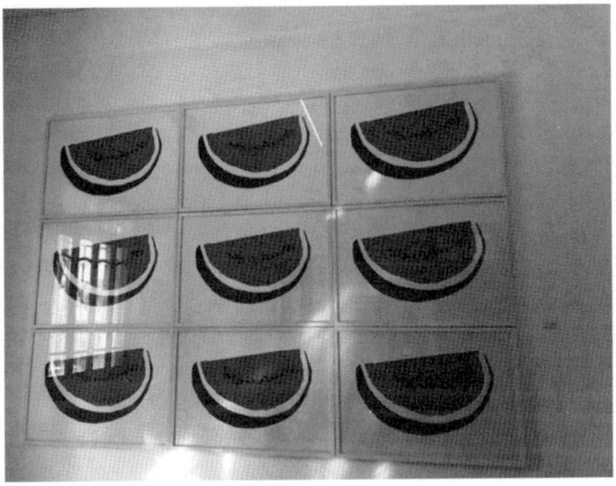

藝術家哈立德・胡拉尼於 2007 年創作的作品
Watermelon flag

道夫・希那爾（Dov Shinar）《*Palestinian Voices: Communication and Nation Building in the West Bank*》（1987）提到：「似乎在革命風格的框架下，巴勒斯坦藝術家在試圖傳達巴勒斯坦遺產感時，努力強調他們作品的非西方、鄉村般的性質……抽象的、超現實主義的風格和一些圖形形式，包括一種額外的國際語彙。」與此同時，巴勒斯坦藝術除成為對抗巴勒斯坦人創傷性分離的一種方式，也體現出家園的標誌性紀錄，及對故鄉的想像，創造一種新的歸屬連結，發展出屬於巴勒斯坦歷史、地理與文化脈絡的樣貌。

然而，曼蘇爾等藝術家的創作帶有許多巴勒斯坦的色彩與元素，因此被以色列政府視為具有顛覆性，經年面臨以色列的許多審查與禁令。如在一九八〇年代曼蘇爾、納比勒・阿納尼（Nabil Anani）與伊薩姆・巴德爾（Issam Badr），他們於拉姆安拉的七九畫廊（Gallery 79）的展覽被以色列軍隊強制停辦，因展出的藝術作品被視為具有政治意義，並帶有巴勒斯坦國旗及其顏色。曼蘇爾在半島電視台的訪談中再次回溯當時發生的經過：「當時以色列士兵對我說即便你畫西瓜也會被沒收。」因為，西瓜的顏色正好是巴勒斯坦國旗的顏色。爾後，藝術家哈立德・胡拉尼（Khaled Hourani, 1965-）受曼蘇爾的經歷啟發，開始創作以西瓜為圖像的作品，作為一種抵抗的象徵，也成為大量印刷與複製的符號。

巴勒斯坦藝術獨有的語彙，充滿強烈民族、土地、根、抵抗、生育、女性、宗教建築、色彩等象徵性意象，藉由仙人掌、圓頂清真寺、耶路撒冷老城、橄欖樹、傳統服飾、鑰匙等符號，來代表巴勒斯坦本身的複雜含義，也經常延伸討論成為動員巴勒斯坦抵抗運動與身份認同的基石。

傳播抵抗意識的視覺符號

一九六〇初期到一九八二年間，在巴勒斯坦大流亡的災難日後，隨著巴勒斯坦解放組織（Palestine Liberation Organization，PLO）的建立，以及國際、動員反帝國主義團結，支持巴勒斯坦「解放」的這時期，體現巴勒斯坦藝術史上的重要階段，以藝術為出發的抵抗運動如雨後春筍般萌芽，可大量複製的視覺符號成為凝聚巴勒斯坦人的重要傳播。由於其可連續複製與傳播的影響力與顛覆性，回應了巴勒斯坦人的政治需求與家園歸屬，因此藝術家也開始將海報與塗鴉等視為動員大眾的創造性媒介。

回溯歷史自英國託管時期（Mandatory Palestine）開始，一九三四年於耶路撒冷舉行的第二屆阿拉伯博覽會之際，發行了一系列代表耶路撒冷標誌性地標，如岩石圓頂的海報和郵票，體現阿拉伯世界的支持，逐漸成為政治訊息的傳播者。而一九三八年後，一張印有巴勒斯坦地圖的郵票上寫著阿拉伯人的巴勒斯坦，自此開始地圖類型的視覺意象也於各時期的不同風格傳播。直到後奧斯陸協議後的時代，包含伊斯梅・沙穆特（Ismail Shammut，1930–2006）、布爾汗・卡庫特利（Burhan Karkoutly，1932-2003）等，開始用新的視覺詞彙進行不同的藝術實驗，如難民、農民、工人、教師與詩人等豐富多樣文化的守護者，亦或是巴勒斯坦民族詩人馬哈茂德・達爾維什的詩句，來傳遞家園被毀，故土難以再見的意涵。再者，當討論巴勒斯坦人以藝術作為抵抗運動的途徑時，也須討論街頭藝術 — 塗鴉，作為巴勒斯坦公民和政治活動的關鍵工具。由於審查與禁令等限制巴勒斯坦藝術的自由傳播與表達，塗鴉成為組織抗議、罷工和集會的傳播方式，並作為有效凝聚巴勒斯坦人民團結的媒介。由於領土的劃分與自主權被剝奪，塗鴉這類的視覺行為試圖透過在公共空間繪製充滿象徵意義的圖像，從佔領中突圍。

藝術家布爾汗・卡庫特利於 1978 年繪製 In Solidarity With Palestine 的海報。

隔離牆上的塗鴉，於公共空間繪製充滿象徵意義的圖像，試圖阻斷佔領。此為位於耶路撒冷與拉姆安拉之間的隔離牆塗鴉，以巴勒斯坦政治人物亞西爾・阿拉法特為主題。

許多國外藝術家也為藝術抵抗運動發聲，圖為班克西（Banksy）在巴勒斯坦伯利恆的塗鴉藝術。

藝術創造對話空間與聯繫

然而，巴勒斯坦藝術除凝聚抵抗動員與家園歸屬外，更試圖創造對話空間與聯繫。如藝術家／廚師米爾納・巴米耶（Mirna Bamieh）發起「Palestine Hosting Society」計畫，以食物作為媒材，餐桌成為交流的空間，分享傳統巴勒斯坦食譜以及巴勒斯坦文化中食物的意義和故事，試圖透過藝術的社會變革力量修復巴勒斯坦記憶和身份認同的碎片。此外，各計畫與藝術空間興起，以巴勒斯坦人／社群的角度與立場發聲，如位於拉姆安拉的哈利勒・薩卡基尼文化中心（Khalil Sakakini Cultural Center）、文化遺產保存組織 RIWAQ 及 A.M. Qattan 藝術基金會、位於比爾澤特（Birzeit）的巴勒斯坦博物館（Palestine Museum），或是位於伯利恆的賈西爾藝術中心（Dar Jacir）等，各組織也發起了多元的藝術計畫，如卡蘭迪亞國際雙年展（Qalandia International）或巴勒斯坦文學節（The Palestine Festival of Literature，PalFest）等。且於二〇二〇年 COVID-19 疫情後，巴勒斯坦在線廣播電台計畫 Radio alhara，開始透過音樂創造聆聽、討論與辯論的集體空間，創造交流並記住彼此。這計畫除回應了疫情爆發後人們之間的聯繫，也回應了巴勒斯坦在長年面臨隔離與封鎖的狀態下，藉由音樂與當今世界聯繫—從邊緣發聲，向世界傳遞巴勒斯坦的知識。

縱覽巴勒斯坦藝術，其表達的象徵力量成為極具影響力的媒介。回應皮耶·布迪厄將象徵性權力定義為一種近乎神奇的力量，使人們能夠憑藉動員，彷彿獲得透過武裝的力量。巴勒斯坦人面對不平等的佔領與驅離、嚴格的審查與監控機制，無法發展媒體自由、政治集會與自決生態時，藝術實踐的潛力成為巴勒斯坦人越過審查機制並表達訊息的方式，並加強了巴勒斯坦的團結，逐漸凝聚巴勒斯坦抵抗的話語。從布迪厄的角度，藝術的潛力激發抵抗佔領動員的催化劑，作為一種媒介的功能，巴勒斯坦通過用以反霸權的視覺敘事填充公共空間，傳達對自主權和願望的堅韌。以巴議題可能難解，然而巴勒斯坦藝術中所呈現的生命力，是不容忽視的持續發聲。

藝術家／廚師米爾娜・巴米耶策劃發起巴勒斯坦接待社會（*Palestine Hosting Society*）的計畫，餐桌計畫創造對話空間，並透過飲食分享與傳承巴勒斯坦記憶與文化。圖為 2018 年我們的耶路撒冷餐桌（*Our Jerusalem Table* طاولتنا المقدسية）計畫（Mirna Bamieh 提供）。

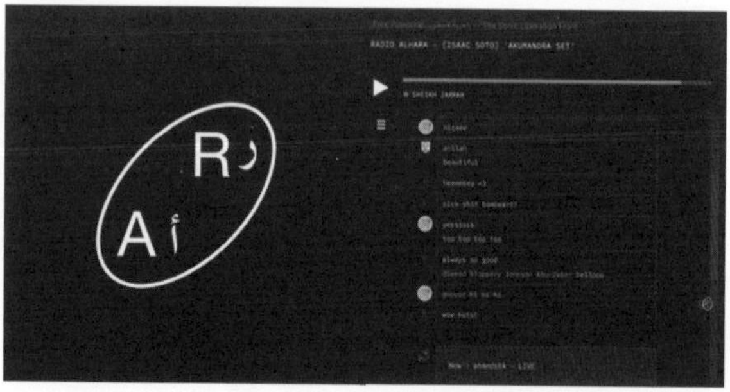

巴勒斯坦在線廣播電台計畫 Radio alhara 也透過音樂響應了 2021 年謝赫·賈拉社區的事件。自 2020 年起的計畫跨越阿拉伯世界與世界其他地區。（截圖自 Radio alhara 網站）

2｜Voice Out：多元藝術實踐

巴勒斯坦博物館 Palestine Museum[43]

位於巴勒斯坦西岸（Palestine West Bank）的比爾澤特大學（Birzeit University）的巴勒斯坦博物館，這座大學博物館甫成立不久，致力於支持巴勒斯坦文化，作為 Taawon （Welfare Association）[44]的計畫之一，其大面玻璃與特殊幾何造型的博物館建築本體，由都柏林建築師事務所的 Heneghan Peng 建築師所設計。

[43] 巴勒斯坦博物館網站‥http://www.palmuseum.org/

[44] Taawon （Welfare Association）是一個巴勒斯坦非營利組織，致力支持西岸、耶路撒冷與加薩地區巴勒斯坦社群的發展。

展覽：愛的勞動

Labour of Love: New Approaches to Palestinian Embroidery

展覽日期：二〇一八年三月十八日至十二月三十一日

客座策展人：瑞秋・德曼（Rachel Dedman）

延續巴勒斯坦博物館先前的展覽「耶路撒冷生活」（*Jerusalem Lives*）[45]，探討巴勒斯坦人民生活，這次展覽「愛的勞動」由來自黎巴嫩貝魯特的策展人瑞秋・德曼（Rachel Dedman）策劃。展覽呈現四年來的研究成果。展示各式傳統服飾、海報、繪畫、文字，輔以採訪內容，以巴勒斯坦服飾、刺繡符號為主軸，服飾作為一種親密

---

45 隨著耶路撒冷面臨軍事化與封閉的排他政策，展覽「耶路撒冷生活」試圖將耶路撒冷城作為一個案例，關注城市生活與人民，揭露耶路撒冷與巴勒斯坦居民在面臨以色列佔領之下所帶來的新自由主義與帝國的挑戰，單純的口號如何藉由織品來呈現真實樣貌，以及人民與對城市的抵抗支持？在這座城市中又有哪些集體抵抗的故事？從中如何尋找激發更美好的未來。

與普遍性的文化材料典範，發掘圍繞著性別、勞動與階級的歷史及社會敘事，構織出複雜的政治、社會與經濟的動態網絡，進而發展批判性的討論；展覽更呈現了自一九四八年以來，巴勒斯坦的傳統刺繡符號如何建構個人、國家身份認同，成為民族主義的象徵，不僅抵抗以色列文化暴力，還成為巴勒斯坦社群新生的經濟力量。

展覽展出大量的海報與圖像

展覽講座《刺繡經濟》

（The Economics of Embroidery）

以下為策展人訪談稿（二〇一八年八月四日）

您叫什麼名字？您的年齡？您從哪裡來？

我叫瑞秋・德曼（Rachel Dedman），今年二十八歲，來自倫敦。我是駐黎巴嫩貝魯特的獨立策展人。

您是如何決定策劃《愛的勞動》展覽？是如何開始的？

二〇一四年，我受時任巴勒斯坦博物館館長傑克・珀塞基安（Jack Persekian）的邀請，舉辦一個關於巴勒斯坦刺繡的展覽。博物館董事會當時的部分目的是為了紀念馬拉克・侯賽尼・阿卜杜拉希姆（Malak Al-Husseini Abdulrahim），她自二十世紀六十年代末以來一直深入參與刺繡組織 INAASH，並擁有一系列刺繡連身裙，這些服飾都出現在兩個展覽中。

除此之外，遇見馬拉克（Malak）並聆聽她的故事（她和我遇到的許多女性一樣，都是鼓舞人心的人物）——我被賦予自由，可以按照自己的意願，與其他人對話，同時進行研究、策劃和發展這個展覽。結果是四年的實地考察、研究、電影製作、寫作，並與收藏家、專家、藝術家和刺繡師組成的龐大社群合作，呈現出當下的結果。展覽在二〇一六首次於貝魯特展出，是巴勒斯坦博物館的第一個「衛星」展覽。

雖然「接縫處」（At the Seams）——展覽的第一代——旨在按照線性年表展開，並建立巴勒斯坦服裝的另一種時間線，但「愛的勞動」擁有更動態、更主題化的策展結構。我把在比爾宰特的巴勒斯坦博物館「主場」所舉辦的第二次展覽當作一個機會，批判性地反思先前的展覽，加深我的研究，並與巴勒斯坦當地的藏品和專家進行交流。來自巴勒斯坦各地的歷史服飾組成的戲劇性「森林」佔據了展覽的主線。性別、象徵、勞工、商品和階級等關鍵，主題是探索對巴勒斯坦歷史和政治豐富、批判與複雜視角。該展覽匯集了海報、繪畫、紡織品、影片、文件和檔案圖像以及服裝，擴大對刺繡在巴勒斯坦文化中扮演角色的理解，並批判性審視這種文化是如何構建。

可以跟我們分享一下展覽的目的／主題嗎？您是如何決定主題的？

對展覽主題和目標的發展是四年研究以及與收藏家、藝術家、策展人和歷史學家進行批判性對話的結果。

刺繡是巴勒斯坦文化材料中最具代表性的，我的目的是批判性探索這個主題。雖然刺繡、服裝和紡織品構成了展覽的內容，但對我來說，真正的主題是巴勒斯坦的歷史和社會。作為策展人，我的方法和目標是利用服裝作為一種親密的、普遍可用的工具，來挖掘有關性別、勞動和階級的歷史敘事，並對它們今天的運作方式進行批判性討論。

儘管表面上看，刺繡在巴勒斯坦的意義遠不止於「遺產」。我的作品認為，自一九四八年以來，巴勒斯坦的刺繡一直是浪漫而積極的民族主義、激進抵抗、新生經濟力量以及反對以色列國家基礎設施和文化暴力的載體。展覽利用物質文化作為連結看似不同的歷史，探討了刺繡從起源於鄉村、個人實踐，到成為新自由主義全球市場產品流通的轉變中所面臨的緊張局勢。

展覽解構當今刺繡所存在的沉重聯想，將服裝與檔案照片、文獻、海報、繪畫和新委託的影片進行對話，放大了那些今天仍在刺繡的男女的聲音。展開複雜的織品裡政治、社會和經濟動態網絡時，我們藉此提問：「巴勒斯坦的認同——民族、個人、政治——是如何建構的？某些敘事在多大程度上取決於女性身體的觀念？傳統材料的複製有何利害關係？刺繡需要何種勞動力，又解決什麼樣的勞動力問題？如果有的話，這種做法的巴勒斯坦特性又在哪裡？」

您在策展和展覽期間遇到了哪些挑戰？

該展覽是與不同合作夥伴（個人和機構）多次合作的結果。該項目的龐大規模使得安排變得複雜，特別是刺繡材料本質上是脆弱的，並且將物體運進和運出巴勒斯坦、黎巴嫩和約旦是極其困難的。他人總是慷慨出借具有巨大個人意義的物品，總是讓我感動。

作為策展人，我面臨的一個關鍵挑戰，是如何在不陷入懷舊陷阱的情況下，舉辦一系列有關巴勒斯坦刺繡的展覽。這種材料在高舉遺產時經常被浪漫化——這並沒有什麼錯。但作為巴勒斯坦博物館，我們有責任批判性地思考刺繡和服裝，將其視為與政治交織在一起的材料。

對我來說，最大的挑戰是讓董事會相信，這個展覽對當代刺繡產業及相關勞動力的階級面向進行批判是很重要的。他們對我們如此誠實談論非政府組織運作和參與問題保持沉默。

《愛的勞動》展覽的主題與不同的鬥爭有關。您過去有類似的經驗嗎？您是否鼓勵公眾得出自己的結論並繼續關注歷史？

我的目的是透過刺繡和服飾來探索巴勒斯坦歷史的核心鬥爭；使用織品作為視角，來觀察歷史中外圍的、個人的、親密的元素。

從一九六〇年代起，刺繡及其他傳統遺產的標誌被用來對抗猶太復國主義對巴勒斯坦土地的主權要求。它成為一種正名的方式，證明巴勒斯坦人存在，並且已經存在很長時間。織品是個人的、物理的和觸覺的，並且具有強大的視覺效果（比音樂、舞蹈和食物更持久且有形），因此刺繡成為彰顯這些主張的工具。在「解放藝術家」的影響下，出現了一種強有力的形象，即穿著繡花連衣裙的婦女（周圍環繞著橄欖樹，支撐著城市，誕生了巴勒斯坦戰士），作為一個象徵，試圖在視覺上代表巴勒斯坦的長存和民族地位。刺繡不再只是個人事務，它成為民族主義事業的象徵。

後來，在第一次起義期間，婦女在前線抗議中發揮了關鍵作用。當巴勒斯坦顏色在公共場合被禁止、旗幟被沒收時，婦女們開始在她們的衣服上繡上明確的抵抗圖案：阿克薩清真寺、拿著步槍的鴿子，或者用巴勒斯坦顏色重新設計的歷史悠久的柏樹圖案。這些是示威期間在公共場合佩戴的明確民族主義標誌。這些服裝是政治時刻的記錄，並讓穿著它們的女性身體成為政治機構的場所。與繪畫和海報中女性刺繡的簡化象徵主義相反，這些服裝將製造者視為政治主題。她們不是我們通常會跟抗議連一起的對象。往往示威中的標誌是自發且直接的——潦草的塗鴉或印刷的海報—但這些衣服需要數月或數年的時間才能製作。對我而言，她們付出的時間和勞動反映了起義的 sumud（堅定）。

這些只是刺繡與巴勒斯坦鬥爭之間關聯的一些例子。

您認為展覽的哪一部分最鼓舞人心？

我很榮幸能夠與來自巴勒斯坦、黎巴嫩和約旦各地的出色藏品、收藏家和檔案館合作。《愛的勞動》—展覽中的服裝和展品來自四十多個本地和國際收藏品，是我和團隊多年來研究的結果。尋找展品並花時間與服裝相處的經驗本身就很鼓舞人心。

我尋找能說故事的單品：「一件不起眼的衣服，沒有最完美的刺繡，但胸前有胸貼，展示了農業生活中母親如何處理母乳餵養。另一件衣服的修補方式很奇怪—仔細檢查發現，它是用聯合國發放的麵粉袋布料放大的，這表明它是在一九四八年浩劫之後由一名（個子稍矮）婦女捐贈給另一名（個子稍高）的婦女。形狀奇怪的刺繡袋似乎很熟悉—為小型收音機而設計，它告訴我們一九三〇及四〇年代的農民如何在田間度過漫長的日子。我喜歡這些物品，因為它們是物質文化所講述的那種親密敘事的證據。」

我也很榮幸能夠見到許多至今仍在巴勒斯坦、約旦和黎巴嫩各地從事刺繡工作的婦女，她們常常在非常困難的情況下工作。她們的奉獻、工作、善良和慷慨讓我深受鼓舞。

展覽會帶來什麼效果？如何影響當地人？有教育推廣相關的計畫嗎？

我希望這個展覽對任何人來說都是平易近人、引人入勝且有意義的，在進行寫作和策展時就考慮到這點。讀或說英語或阿拉伯語的人，會透過文字從展覽中獲得更多資訊，但我希望我正建立的一些連結，無需閱讀任何文字即可理解。

例如，刺繡作為圖像的流通，從歷史服裝轉變為圖形海報，通過繪畫等物理或視覺方式表達出來。

教育推廣團隊一直在接觸巴勒斯坦各地的社區和觀眾，我希望自己對得起這個主題的分量以及內容的意義——畢竟刺繡是巴勒斯坦許多人的心聲。我想尊重並公開分享各個聲音，特別刺繡者本身的聲音。

透過我的實地考察，我遇到了許多巴勒斯坦、黎巴嫩和約旦的婦女，她們至今仍在刺繡，也分享許多這種充滿活躍生命力的手工藝對繡者的意義。她們的聲音以影像的形式貫穿整個展覽，由藝術家梅芙・布倫南（Maeve Brennan）拍攝，為這些婦女的觀點提供空間。她們很少有機會在慶祝文化遺產上扮演公共角色，但對我來說這很重要。她們許多人來到展覽開幕式，也是公開活動的一部分。我希望我們讓這些婦女感到驕傲。

接下來有什麼計畫?

我是獨立策展人和作家，所以總是同時進行多個專案。我目前正在為卡蘭迪亞國際雙年展（Qalandiya International）和 Earth Hold 策劃一項計畫，這是我與藝術家阿周那・紐曼（Arjuna Neuman）及勞爾・德・塞利斯（Laure de Selys）共同創立的團體。我們正在研究全球團結的當代可能性，尋求巴勒斯坦反佔領運動與北美背景下的反種族主義和原住民運動之間的呼應。繼六月在藝術空間 Gasworks 舉辦的公開研討會之後，我們正在準備一系列圍繞聲音團結的廣播干預措施，以便在十月播出。我還在帝國戰爭博物館（Imperial War Museum）為 Shubbak 藝術節和倫敦 Tricycle 劇院策劃一項計畫。

With Curator, Rachel Dedman, Interview (2018/08/04)

What is your name? Age? Where are you from?

My name is Rachel Dedman, I am 28 years old, from London. I am an independent curator based in Beirut, Lebanon.

How did you decide to curate exhibition *Labour of Love*? How did it start?

I was invited in 2014 by then-director of the Palestinian Museum, Jack Persekian, to make an exhibition about Palestinian embroidery. In part the intention of the Museum board at the time was to honour Malak Al-Husseini Abdulrahim, who has been deeply involved in embroidery organisation INAASH since the late 1960s, and has a collection of embroidered dresses, which appear in both exhibitions.

Apart from that starting point – to meet Malak and hear her story (she, along with so many women I met, is an inspiring character) – I was given freedom to research, curate and develop the exhibition as I wished, in conversation with others within and outside the Museum. The result was four years of fieldwork, research, film-making, writing and collaboration with a huge community of collectors, experts, artists and embroiderers. The first version of the exhibition was shown in Beirut in 2016, and was the Palestinian Museum's first 'satellite' exhibition.

While *At the Seams* – the exhibition's first iteration – aimed to unfold and establish an alternative timeline of Palestinian dress, following a linear chronology, *Labour of Love* has a more dynamic, thematic curatorial structure. I took this second iteration of the exhibition, at the Museum's 'home' site in Birzeit, Palestine, as an opportunity to reflect critically on the previous show, deepen my research, and engage with local objects and experts in Palestine. A dramatic 'forest' of historic dresses from all over Palestine occupies the spine of the exhibition, and key themes of gender, symbol, labour, commodity and class are taken as lenses for rich, critical, and complex explorations of Palestinian history and politics. The show brings together posters, paintings, textiles, video, documents and archival images, alongside clothing, in order to argue for an expanded understanding of embroidery's role in Palestinian culture, and as catalysts for a critical look at how that culture is constructed.

Could you share with us about the aim / topics of exhibition? How did you decide the topics?

My development of the themes and aims of the exhibition was the result of four years of research and critical conversation with collectors, artists, curators, and historians.

Embroidery is the most paradigmatic of Palestinian cultural material, and my aim was to explore it critically. While embroidery, dress and textiles constitute the content of the exhibition and project, for me the real subject at stake is Palestinian history and society. My approach and aim as a curator has been to use clothing as an intimate, universallyaccessible vehicle for the unearthing of historical narratives around gender, labour and class, and critical discussion of how they operate today.

Despite appearances, embroidery in Palestine is about so much more than 'heritage'. My work argues that, since 1948, embroidery in Palestine has acted as a vehicle for forms of romantic and active nationalism, militant resistance, nascent economic power and opposition to the infrastructural and cultural violence of the Israeli state. The exhibition uses material culture as a mode of connecting seemingly disparate histories, exploring the tensions at stake in the shift from embroidery's origins as rural, personal practice, to its circulation as product in a neo-liberal, global marketplace.

The exhibition deconstructs the loaded associations that exist around embroidery today, placing dresses in conversation with archival photographs, literature, posters, paintings, and newly-commissioned video amplifying the voices of those women and men who continue to embroider today. In unfurling the complex web of political, social and economic dynamics woven into textile, we hope to ask: how is identity – national, personal, political – constructed in Palestine? To what extent are certain narratives hinged on ideas of the female body? What is at stake in the reproduction of traditional material? What kind of labour does embroidery require and address? And where is the Palestinian-ness of such practice located, if anywhere?

What kind of challenges did you meet during curating and exhibiting period?

The exhibition is the result of multiple collaborations with different partners – individual and institutional. The sheer scale of the project made this complex to arrange, especially as the material of embroidery is inherently fragile and it is extremely difficult moving objects in and out of Palestine, Lebanon and Jordan. I was always moved by how generous people were with lending us items of enormous personal significance and meaning.

A key challenge for me as a curator has been how to make a series of exhibitions about Palestinian embroidery without falling into the trap of nostalgia. This material is so often romanticised in its celebration as heritage – and there is nothing wrong in that. But as the Palestinian Museum, we have a responsibility to think critically about embroidery and dress, to look at it as material imbricated in politics.

The greatest challenge for me was convincing the board of the importance of being critical about the contemporary embroidery industry today, and the class dimensions of that labour. They were reticent about us being so honest about the problematic conditions in which NGOs operate and participate.

The themes of exhibition Labour of Love were connected to different struggles. Do you make that connection? Do you encourage public to draw their own conclusions and keep following the history?

My intention was to explore the central struggles of Palestinian history through the vehicle of embroidery and dress; to use textiles as a lens to look at the peripheral, personal, intimate elements of history.

From the 1960s onwards, embroidery, along with other markers of tradition and heritage, was seized upon as a way of fighting Zionist claims to the land of Palestine. It became a way of proving that Palestinians existed and had existed for a long time. Textiles are personal, physical and tactile, as well as visually powerful (more permanent and tangible than music, dance and food) so embroidery became a tool in asserting those claims. Taken up by 'Liberation Artists', a powerful imagery emerged of women wearing embroidered dresses (surrounded by olive trees, holding up the city, birthing Palestinian fighters) as one symbol in the attempt to visually represent Palestinian longevity and nationhood. Embroidery was no longer simply a personal affair; it became an emblem of the nationalist project.

Later on, during the first Intifada, women took up a front-line role in protest. At a time when Palestinian colours were banned in public and flags were confiscated, women started embroidering explicit motifs of resistance onto their dresses: the mosque of al-Aqsa, doves holding rifles, or historic cypress motifs reworked in Palestinian colours. These were signs of explicit nationalism, worn in public during the demonstrations. These dresses are extraordinary records of a political moment, and rendered the bodies of the women who wore them sites of political agency. Against the reductive symbolism of the embroidered-women in paintings and posters, these dresses reflected their makers as political subjects. And they are not what we would associate with protest. Usually, signs in demonstrations are spontaneous and immediate – the scrawled graffiti or printed poster – but these dresses took months or years to make. Their extended time and labour for me reflect the sumud, steadfastness, of the Intifada.

These are just some examples of the connection between embroidery and the Palestinian struggle.

What part of the exhibition did you find most inspiring?

I was privileged to work with fantastic collections, collectors and archives from all over Palestine, Lebanon and Jordan. For *Labour of Love*, the dresses and objects of the exhibition are drawn from over 40 collections, local and international, and were tracked down over years of research by me and my team. The experience of finding the objects and spending time with the dresses was inspiring in itself.

I sought items that can tell stories: one humble dress does not have the most perfect embroidery, but it has breast patches at the chest that show how mothers handled breastfeeding in agricultural life. Another dress is patched up oddly – close inspection reveals it was enlarged with a stretch of fabric from a UN-issued bag of flour, suggesting it was donated from one (slightly smaller) woman to another (slightly taller) after the Nakba of 1948. A strangely-shaped embroidered pouch or holder seems familiar – made for a small transistor radio, it tells us how farmers passed their long days in the field in the 1930s and 1940s. I love such objects as they are evidence of the kind of intimate narratives told by material culture.

It was also a great privilege to meet many women who continue to embroider today, in often very difficult circumstances, across Palestine, Jordan and Lebanon. Their dedication, work, kindness and generosity are deeply inspiring.

What effects do exhibition bring? Influence locals? Any project related with education program?

I hope that the exhibition can be accessible, fascinating and meaningful to anyone, and I write and curate with that in mind. Someone who reads or speaks English or Arabic will take more from the show through its text, but I hope some of the connections I am making – for example, the circulation of embroidery as an image, shifting from the historical dress, into graphic poster, via painting – are articulated physically or visually, and thus implied without reading a word.

The education and public program team have been reaching communities and audiences across Palestine, and I hope I did justice to the weight of the subject, and the meaningful nature of the content – embroidery is close to the hearts of many in Palestine. I wanted to respect and amplify the voices of those who taught me a great deal along the way, particularly the embroiderers themselves.

Through my fieldwork I met many women in Palestine, Lebanon and Jordan who continue to embroider today, and who shared much about what this active, living craft continues to mean to those who make it. Their voices appear throughout the exhibition in the form of video, filmed by artist Maeve Brennan, and giving space to their opinions – of those who rarely play a public role in the celebration of heritage – was important to me. Many of them came to the exhibition opening and have been part of our programming. I hope they feel we did them proud.

What is the next?

I am an independent curator and writer, so I am always working on multiple projects! I am currently curating a project for Qalandiya International, the Palestinian biennial, with Earth Hold - a collective I co-founded with artists Arjuna Neuman and Laure de Selys. We're working on contemporary possibilities of global solidarity, seeking echoes between anti-occupation movements in Palestine and anti-racism and indigeneity movements in the North American context. Following a public workshop at Gasworks in June, we are preparing a series of radio interventions around sonic solidarity for broadcast in October. I am also curating a project at the Imperial War Museums for Shubbak Festival, and for the Tricycle Theatre, London.

文化遺產保存組織

RIWAQ — centre for architectural conservation

成立於一九九一年，RIWAQ 透過記錄和修護約旦河西岸和加薩地帶的建築遺址計畫來保護巴勒斯坦集體記憶，而巴勒斯坦農村地區為主要工作區域，計畫之一為 The 50 — Village Rehabilitation Project。旨在提高人們對文化遺產作為巴勒斯坦身份和集體記憶支柱的認識，這涉及創造適合安全生活與工作的空間，涉及知識的生產和傳播。

RIWAQ 提到需要為邊緣化群體建立社區和文化中心。自二〇〇一年以來，他們透過修護遺產項目創造就業機會。修護工作促進人們對文化遺產重要性的認識，並提高了大部分人口的生活水平。這是 RIWAQ 在修護和保護遺產方面長期工作和實驗的結晶，並以此作為巴勒斯坦當地社會經濟和政治發展的工具。

卡蘭迪亞國際雙年展 Qalandiya International（QI）

卡蘭迪亞國際雙年展是當代藝術活動和雙年展，每兩年在巴勒斯坦城市和村莊舉辦一次。它成立於二〇一二年，匯集巴勒斯坦當地團體、國際藝術和文化組織，促成多方合作舉辦展覽、表演、講座、電影放映、研討會和旅遊活動。

哈利勒・薩卡基尼文化中心 Khalil Sakakini Cultural Center

哈利勒・薩卡基尼文化中心為巴勒斯坦藝術和文化組織，旨在通過研究和參與創建多元化、批判性的解放文化，為社區提供一個開放的空間，以營造充滿活力和自由的氛圍。KSCC 舉辦藝術展覽、讀書會、詩歌朗誦會、兒童活動和電影放映。除了長期項目外，KSCC 還將部分活動擴展至拉姆安拉以外的地區，例如比爾澤特、加薩走廊、伯利恆，以便在以色列實行宵禁期間能夠繼續進行這些計畫。

A.M. Qattan 藝術基金會　A.M. Qattan Foundation

A.M. Qattan 藝術基金會致力於深耕知識和創意領域，扶持各種社會群體，特別是兒童、教師和年輕藝術家。該組織透過長期參與性發展，在充滿活力的巴勒斯坦和阿拉伯文化中賦予自由個人權力，並透過計畫實踐，培養批判性思維、以及知識生產中需要的研究及創造力。

巴勒斯坦文學節

Palestine Festival of Literature（PalFest）

巴勒斯坦文學節是一項文化倡議，致力於創造語言和思想來對抗二十一世紀的殖民主義。該節日是由創始主席阿達芙・蘇伊夫（Ahdaf Soueif）於二〇〇八年召集一群國際文化人士創建，旨在表達巴勒斯坦的文化團結。從那時起，PalFest 每年舉辦一次，於各地城市安排公共活動，透過文字、詩詞吟誦凝聚巴勒斯坦人的團結。

巴勒斯坦藝術之家
Palestinian art Court — Al Hoash

巴勒斯坦藝術之家於二〇〇四年成立，位於一棟 一九三〇年代阿拉伯傳統房屋，拱形外觀俯瞰著耶路撒冷商業中心的阿爾扎赫拉街（Zahra Street），是一個非營利性巴勒斯坦文化組織，使命是「透過視覺實踐表達、探索、實現，提供巴勒斯坦人加強身分認同的機會。」

藝術空間 Darat al Funun

Darat al Funun 是一個藝術之家，成立於一九八八年，旨在為阿拉伯世界的視覺藝術、自然創造力和批判性話語提供一個平台，並揭示當代思想和藝術實踐的活力，鼓勵來自不同學科背景的藝術家和主持人進行創造性探索。該藝術空間坐落在三座建於一九二〇年代的歷史住宅內，旁邊還有一座六世紀拜占庭教堂的遺跡。

3 — 參與介入的可能：翻轉被迫流離失所者的生活空間[46]

Participatory Intervention Reverse the Living Space of Forcibly Displaced People

[46] 本文收錄自朱筱琪（2022），〈參與介入的可能：翻轉被迫流離失所者的生活空間〉，二〇二二年七月刊載於典藏今藝術投資 第三百五十八期，72-75頁。

二十世紀下半葉以來，由於戰爭、種族衝突、勞動力需求、環境或人權迫害等因素，國際移民逐漸增加，特別是非正規移動的被迫流離失所者（forcibly displaced people）成為二十一世紀亟待解決的議題。根據聯合國難民署（United Nations High Commissioner for Refugees，UNHCR）資料，截至二〇二一年，共有八千九百三十萬的被迫流離失所者。現今由於人道主義的響應，有許多跨領域的計畫介入強迫遷移的議題上，試圖透過創造各類參與途徑，讓被迫流離失所者發聲。

流離失所、家園與臨時居所

回顧被迫流離失所者的生命歷程，他們往往在緊急狀況下，沒有準備任何計畫與資金而被迫採取行動，離開家園，需在極短時間內找到可能紮根的社會環境，開始新生活並尋找新認同。世界由於人道主義的關照，為這群被迫流離失所者提供臨時居所，難民營也於這樣的情境中產生，而營區多為帳篷與混擬土房舍的聚合。依據二〇一九年的數據，世界上只有百分之四十二的已登記難民定居在聯合國難民署規劃的定居點

／營地，其他則選擇在城市環境中定居。但這些難民營外的區域卻往往不願意接納外來移入者，特別是被迫流離失所者，他們難以被社會接受而導致各種面向上的摩擦。因此，大多數人只能選擇最邊緣與未開發的地區居住，這些地區可能缺乏足夠的基礎設施。

回憶二〇一八年春夏接壤之際，旅行巴勒斯坦數月的期間，到訪幾處位於西岸的難民營，其一為位於拉姆安拉市，距離卡蘭迪亞檢查站與以色列科恰夫·雅科夫屯墾區不遠的卡蘭迪亞難民營。這座難民營於一九四九年由紅十字會在約旦租用的土地上成立，分為八個街區，聯合國近東巴勒斯坦難民救濟和工程處在此成立學校與職涯培訓工作、提供救濟與社會服務。但此區域的基礎建設，如下水道系統、衛生條件、建築狀況、公共場所等，因難民人口逐漸增加，形成房舍比鄰，與自立造屋形成如樂高般的建築體，居住環境條件依舊惡劣，但這裡仍是他們的家。那天離開時，坐在公車上經過附近的另一座難民營阿姆阿里難民營（Am'ari Camp），入口處設置了一個很大的牌坊，像似說著：「這裡是我們的地方。」

對於大多數人來說營地是一個臨時居所，原不打算修復，然而隨著時間推移以及曠日持久的衝突局勢，卻成了這群被迫流離失所者的永居場所。難民營臨時居所的特性，從緊急解決方案轉為常態，漸漸成為永久解決方案的一環。時間拉長，對於被迫流離失所者又如何在營區這類無法真正紮根的環境中，維護己身基本生存權利、尋找修復創傷的機會，或是對於身分的認同？

黎巴嫩貝卡谷地難民營景象（胡鈞媛提供）

被壓縮的空間與積累的創傷

儘管聯合國難民署經年呼籲需解決被迫流離失所者的議題，但現實是許多人在難民營或營外臨時安置所中等待，直到他們返回自己的國家，戰爭也因為原國籍政局不穩，依舊沒有結束的跡象。根據各報告，難民留在難民營中的時間從七年到十七年，更多的是許多人在難民營持續生活了幾代。當人們在難民營中生活這麼長的時間，各種議題逐漸顯現。例如隨著難民營接收人數上升，基礎設施不足且逐漸老舊，難民彼此生活空間相互壓縮，即使聯合國或非政府組織等捐助者建立了具永久性基礎設施的營地，但大多數仍缺乏同等規模城鎮所具備的便利設施，如學校、宗教場所、商店、公共空間等友好的生活空間，基本生存的權利被壓迫，甚至與接收國的鄰里社群之間隔閡逐漸加劇，時間一長，難民營極有可能會成為疾病、暴力犯罪的溫床。

此外，被迫流離失所者經歷的創傷記憶，也可能在臨時居所期間加劇心理健康的負面影響。布爾迪厄曾於《世界的重量：當代社會的社會疾苦》一書中以社會苦難來了解天災人禍中的處境，描繪人們身處社會結構遭受破壞，歷經了「這個世界的不幸災禍」的狀態。如被迫流離失所者在離開家園前，可能遭遇例如性暴力、種族滅絕、酷刑、政治迫害和失去親人的處遇，且在沒有食物或水的情況下長途跋涉抵達難民營。一抵達又可能會面臨許多不利情況和持續壓力，例如無法順利登記成為難民，亦或物理環境條件不佳，加劇心理健康的負面影響。另有許多實地研究和調查指出，當地社會排斥也使被迫流離失所者完全被孤立，這些皆相當真實且不容忽視。

人道主義響應與創造參與的可能

根據二〇一三年歐盟頒布的《接待條件指令》（Reception Conditions Directive[47]），尋求庇護者有權在申請國際保護後立即獲得支持，且其中第十七條提到成員國應確保接收物質的條件，為申請人提供適當的生活水平，從而保證他們的生

[47] EU, The Reception Conditions Directive, Retrieved from https://reurl.cc/YvN8Yn （18 June 2022）

計並保護他們的身心健康。雖大多數規劃中的難民營按照標準原則設計，似乎還是有許多議題待社會共同討論與解決。一項實地研究的相關報告《The Sphere Project Handbook: Humanitarian Charter and Minimum Standards in Humanitarian Response》[48]指出，一九九七年由非政府組織、紅十字會與紅新月會發起的計畫「The Sphere Project」提出對於營地和緊急需求的訊息與建議，該手冊的目的是提高在災難和衝突情況下人道主義響應的品質，並加強人道主義行動對受危機影響者的問責制，其中包括人道主義四大響應基礎準則：分別為提供水、環境和個人衛生（Water, Sanitation and Hygiene，WASH）；糧食安全（Food Security）和營養（Nutrition）；住所（Shelter）和定居點（Settlement）；與健康（Health）。因此，現今有許多組織基於，這些準則發起不同的計畫，試圖創造空間或是各類參與式計畫，試圖改善生理與

---

[48] Sphere Association（2018）. The Sphere Handbook: Humanitarian Charter and Minimum Standards in Humanitarian Response. Retrieved from https://reurl.cc/OA8Q43（18 June 2022）

心理面向的需求，帶著被迫流離失所者尋找希望，例如 Zaatari Radio、7Hills、SkateQilya 等的參與式計畫。

Zaatari Radio 電台計畫

位於約旦的「Zaatari Radio 電台計畫」，自二〇一八年開始放送非正式難民營扎塔里村落（Zaatari Village）的社群所製作的廣播節目。Zaatari Radio 頻道 97.3 FM，從位於扎塔里村落的 Acting for Change International（AFCI）學校播出。自二〇一一年敘利亞內戰開始以來，距離聯合國難民署管理的扎塔里難民營（Zaatari refugee camp）大約兩公里的扎塔里村落，隨著數千名逃離附近衝突的敘利亞難民湧入，該村人口增加了一倍多。據估計，現在有超過一萬五千名名敘利亞難民居住於此。與許多聯合國或國際非政府組織所設置的營地不同，該村是一個非正式的難民營，不受大型非政府組織的長期支持。Zaatari Radio 是一項變革行動，透過電台廣播工作坊支持居住在村內的敘利亞難民受教育，藉由聲音發聲，還提供更廣泛的生活技能和創造性的產出。計畫更與約旦、巴勒斯坦、牙買加和英國開展不同的計畫，不僅培力更試圖挑戰社會的不公正。

AFCI 創始人科泰巴・阿拉卜杜拉（Kotaiba Alabdullah）強調學校如何為經歷戰爭並在約旦社會中被邊緣化的兒童提供教育和心理支持。此外，Zaatari Radio 透過參與式工作坊作為培力途徑，以創造力和遊戲作為心理支持途徑，讓孩童以英語和阿拉伯語主持新聞、音樂、體育和講故事的廣播節目。除了電台廣播之外，更發展如音樂、健康、運動、攝影和藝術等計畫，並舉辦展覽、體育賽事評論，串連跨領域的計畫。Zaatari Radio 不僅提供相對邊緣的社群自我表達的空間，讓創造力有機會展現與發聲，與更多人聯繫，更給予社群一種歸屬感。現今雖許多媒體談論難民，但 Zaatari Radio 電台計畫與主流媒體不同，試圖讓鮮少有機會表達自己的難民，能在此實踐發聲。

Zaatari Radio 的廣播工作坊一隅

（Zaatari Radio 提供）

Seven Hills 滑板公園

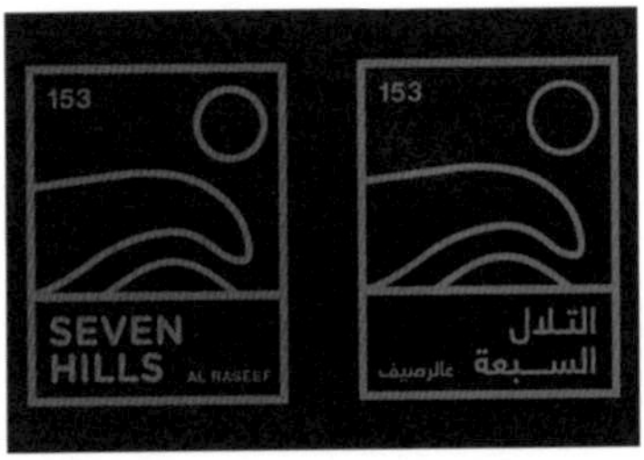

Zaatari Radio 電台計畫也與 7Hills 合作，二〇二一年參與了 7Hills 主導的東安曼 Qweimeh 區 Al-Nour 滑板公園的建設。回顧約旦收容難民的歷史，約旦是現今世界上最大的難民收容國之一，有許多不同的難民社群，而難民的接收或多或少間接影響各群體間的權益，激起大眾對於社會共融議題的討論。目前首都安曼約有百分之七十以上的人口年齡在三十歲以下，但安曼市內可使用的公共空間和免費娛樂場所卻嚴重缺乏，大多數娛樂空間往往是私人的。這也導致難民和社會經濟地位較低的社群，幾乎完全無法進入相對友好的公共空間。為應對公共空間稀缺、人口卻相當稠密並居住著許多藍領階級社群東安曼 Qweismeh 區，因此，二〇一四年 7Hills、聯合國兒童基金會約旦分部（UNICEF Jordan）、約旦青年部（Ministry of Youth）與大安曼市政府（the Greater Amman Municipality）發起社區建設計畫，在不到三週的時間裡，志工、專業建設人員與當地青年合作，將一處充滿垃圾和泥土的廢棄區域，共同建造成一座六百五十平方公尺大的混凝土滑板公園。此計畫為人們提供了一個安全的空間，7Hills 滑板計畫試圖跨越性別、種族、宗教或文化之間的不平等，並為東安曼的 Qweiseh 區域最為脆弱與邊緣的社群提供個人發展、賦權和社交互動的平台。

爾後，7Hills 發起「Al Raseef 153 空間計畫」，透過開放和持續討論將「公共空間」與「私人空間」聯繫起來，促進「製作」和「創造」的實驗計畫，例如與 Zaatari Radio 合作進行廣播電台工作坊、家具製作、壁畫、設計服裝、拍攝等工作坊。

SkateQilya 滑板公園

此外，另一項以滑板發起的計畫位於巴勒斯坦西岸蓋勒吉利亞地區（Qalqilya, قلقيلية），「SkateQilya 計畫」在此為巴勒斯坦西岸的居民建造了一座滑板場。蓋勒吉利亞地區是一座擁有五萬人的城市，四周被以色列與巴勒斯坦西岸間的隔離牆包圍。在巴勒斯坦第二次起義（Palestine Second Intifada）期間，這座城市實施了巴勒斯坦西岸最長的宵禁，發生許多雙邊衝突情況，衝突摧毀當地建築物和街道。雖然多年來衝突情況有所改善，但由於資源有限，行動限制持續，日常生活依舊受到壓制，巴勒斯坦社群努力尋找自我表達和身體釋放的出路。於是，「SkateQilya 計畫」與蘇格蘭的非營利組織 SkatePal 合作，在臨近蓋勒吉利亞地區的傑尤斯（Jayyous, جيوس）建造一座六百平方公尺的混凝土滑板公園，孩子們可以在安全的空間裡玩耍，學習滑板，延伸推動如傳統工藝、戲劇、園藝等跨文化參與計畫，透過 Skate+Art 帶動社區動員、建立個人自信與希望。

如上所述，面對被迫流離失所者，我們皆試圖設身處地理解在動盪中產生的創傷經驗，以及對於生命產生的影響，更需正視被迫流離失所者的安置議題與需維護的基本人權。如本文所分享的參與計畫，現今有許多個人、非政府組織、政府、超國家組織都透過政策、行動為被迫流離失所者提供基本所需與生活空間，發展以永續的設計方法、以在地化的脈絡提供解決方案。而不同組織也透過各類計畫創造發聲與對話的空間，構成了另一種參與媒介。借用列斐伏爾（Henri Lefebvre，1901-1991）對於空間生產的論點，空間是所有社會關係的載體與形成的主體，空間被社會生產，社會也因空間再生產，個體的意識型態會影響社會實體的形塑與關係。這些計畫所創造的參與空間，使受到創傷經驗與苦難的人們能夠暫時遠離創傷，透過創造與行動重新建立自己，開始新的生活，創傷也在這過程中逐漸被修復。同時，在社群賦權／培力（empowerment）的過程，提升參與深度與提升社群意識，使得參與者擁有參與自己生活的權利與能力，試圖發生變革；而收容被迫流離失所者的社會大眾也能在對話的過程中，理解彼此的生命經驗，達到社會共融，充分體現持續的多向線性關係。

如敘利亞詩人阿多尼斯（Adonis）於《歡慶童年》（Celebrating Childhood）一詩中描述著：「好幾次，我看見空氣以一雙青草的腳飛翔，道路用空氣製成的雙腳跳舞。」[49]被迫流離失所者的處境，依舊提醒著，我們仍存於動亂與不平等的大敘事之中。參與空間的創造，試圖彌平一絲絲的不平，與可能撫平創傷的機會。

---

49 原文：「Many times／I saw the air fly with two grass feet／and the road dance with feet made of air」。Retrieved from https://reurl.cc/41eQL2（18 June 2022）

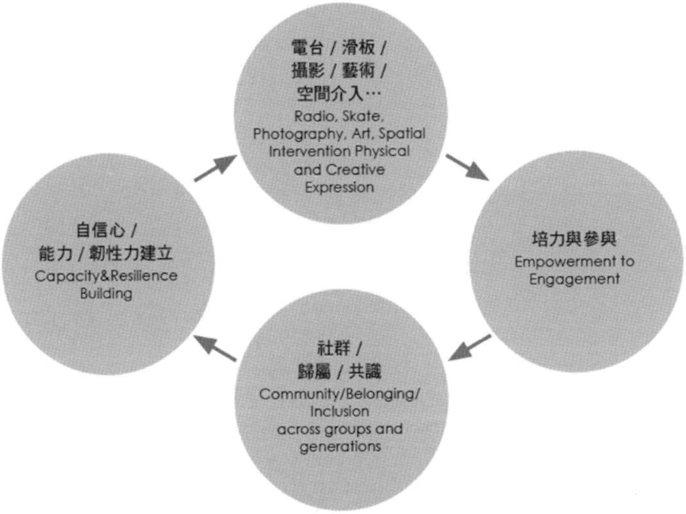

參與的可能關係圖（作者繪製）

第五部

文化遺產的視角 Views on Heritage

1 淺談巴勒斯坦文化遺產法律框架

巴勒斯坦第一個保護文化遺產的法律框架，是英國託管期間以一九二九年《古物法》（Antiquities Law）[50]的形式制定的。此法構成了巴勒斯坦隨後所有文資法律框架的基礎，於一九六六年修訂。之後，隨著巴勒斯坦權力機構的建立，該法直接獲得沿用。

現行法律（即基於約旦一九六六 年修訂版）存在的問題，是只針對公元一七〇〇年之前的古物進行保護。這忽略了整個鄂圖曼帝國時期（Ottoman Period）以及之後任何年代被宣佈為古物的歷史遺址。

此外，巴勒斯坦沒有統一的法律框架，適用一系列不同的法律。除缺乏保護文化遺產的憲法基礎之外，各機構之間也沒有明確的結構或職責分工。現有法律並不將公眾視為利益相關者，而是將古物視為孤立的物體。

---

[50] 請參考 https://www.riwaq.org/sites/default/files/pdfs/1966%20ANTIQUITIES%20LAW%20.pdf

因此，二〇〇四年，巴勒斯坦文化遺產保存組織 RIWAQ 和比爾澤特大學（Birzeit University）法律研究所起草「保護巴勒斯坦文化和自然遺產法」[51]，然而，該法尚未獲得批准。這項新法律的主要貢獻是擴大保護範圍，將文化遺產的不同要素納入其中，集中保護，分散修復與管理，並遵守國際標準和方法。這項新法律旨在適用所有巴勒斯坦領土，提供一套統一的法律制度。此外，也盡力確保公眾、民間社會、地方政府機構和私營部門在該法律框架下發揮積極作用。

此外，在此期間，RIWAQ 選擇與當地政府合作，融匯當地規劃法，以落實原則保護歷史遺址和建築。為此，該組織致力於製定十六項保護計劃，並與規劃委員會進行說明，讓一項禁止拆除的法令通過。巴勒斯坦文化遺產保存組織 RIWAQ 持續與地方政府密切合作，確保整個地區文化遺產的持續保存和維護。

---

[51] 請參考 https://www.riwaq.org/sites/default/files/pdfs/draft_law.pdf

2 耶路撒冷的遺產策展實踐與重建民族國家的敘事

幾千年來，對於古代巴勒斯坦（Ancient Palestine）的空間、遺產和紀念碑的合法所有權一直存在著眾所周知的爭論。一九四八年，在聯合國的支持下，以色列在一直以來稱為巴勒斯坦的土地上建國，結束了猶太人長期的流亡生活。這些事件提出一個問題，即以色列如何建立一個新的猶太政府，使其統治合理化，並在古代巴勒斯坦重新建立人與土地的關係。以色列建國時，當時多數人口為阿拉伯人。對於Macdonald（2009, p. 1）來說，民族國家試圖通過博物館和歷史遺址識別及展示「他們的」遺產來確保公眾認可，這些過程被稱「場所經營」和「形象建立」。此外，文化旅遊產業將觀光客帶到可以稱為值得一看的遺產的所在地。根據 Abu El-Haj（2001）的說法，眾所周知，考古發掘和遺產管理實踐在以色列很普遍。因此，本文以耶路撒冷的遺產策展實踐為例，借鑑 Nadia Abu El-Haj、Eman Assi、Beverley Butler、Sharon Macdonald 等人的觀點，首先探討遺產如何通過希伯來聖經敘事被政治化，以支持猶太家園和以色列民族國家的新意識形態；其次，它試圖討論如何通過建立當地的巴勒斯坦敘事，來抵制以色列建構的歷史和意識形態。如上所述，本文將探討遺產策展實踐如何重建民族主義敘事，而抵制這種情況的一種方法是喚起個人和集體遺產記憶的痕跡。

民族國家的建構是一系列微妙複雜的長期歷史過程。民族國家的基本要素是主權權威、人民和領土（Jones, 2009）。隨著時間的推移，人與土地、物件與遺產之間的互動使空間成為歸屬感所在。遺產至關重要，不僅可以為人類生活提供象徵性的寄託和意義，而且可以使領土和知識的所有權合法化（Assi, 2012；Smith, 2007）。根據Wang（2014）的研究，制度化的考古學是應民族國家建設的需要而建立的。同時，考古計劃受到社會和民族意識形態及考古人員個人意識的限制。因此，Latour（2003[1987]）指出，所謂價值中立的科學是不存在的，它們都不能脫離社會事實、文化價值和人為建構的考古知識。所有科學都可能被政治意識形態所挪用。在實踐中，這意味著一旦特定時期的價值得到高度尊重，原始文本和廢墟的複雜敘事就會被簡化為滿足民族國家需要的單一敘事。從而排除和掩蓋了當地居民日常生活和歷史的真實性。Abu El-Haj（2001）指出，以色列通過考古發掘和解釋，將物質文化貼上了民族國家的身份。此外，他還分析了考古學如何為以色列殖民主義、民族主義、歷史想像和地理擴張提供合法性，以及具有希伯來聖經名稱的地方如何被保留在當代地理景觀中。根據希伯來聖經，自後青銅時代和早期鐵器時代以來，猶太人一直居住在迦南。以色列支持聖經考古學的發掘，而保護政策被視為助長「民族敘事和強化以色列身份」的工具（Bauman, 2004）。遺跡／遺產與當代族群相關聯，以符合當代政權對這片土地的殖民想像，並用於在該地區建立猶太族群。此外，根據 Butler（2009）的說法，書面文本，例如聖經的敘述，可以合法化並賦予實質內容。一九六七年六日戰爭後，耶路撒冷城成為現代歷史上最具爭議的共同遺產遺址。這座聖城在多個民族和宗教團體的意識形態／認同建構中發揮了至關重要的作用。對於基督徒來說，它是耶穌復活的地方。對於穆斯林來說，這是穆罕默德登霄— Isra 和 Mi'raj 的地方。對於猶太人來說，它代表著精神家園的宗教意識，是上帝在世界上居住的中心，也是古代以色列聖殿的所在地（Korb, 2010, p. 155）。因此，以色列在古巴勒斯坦建立後，耶路撒冷老城的主權問題和歷史定位成為「困難遺產」（Difficult Heritage）的棘手問題（Macdonald, 2009, p.1）。正如 Said（1995）所說，以色列對耶路撒冷的主要敘述不僅與耶路撒冷的歷史相矛盾，而且和耶路撒冷從「多元文化和多宗教」城市轉變成以色列主導下的永恆猶太城市密切相關。如上所述，根據 Nora（1989）提出的「記憶之所」（Les Lieux de mémoire）概念，以色列／猶太復國主義根據希伯來聖經文本構建了耶路撒冷的重要性，象徵性的遺產嫁接了民族國家的連貫身份。透過以上分析，可以看出以色列考古學的發展是如何將遺產政治化的。猶太復國主義和希伯來聖經故事是創造以色列歷史並與這片土地建立意識形態聯繫的兩個關鍵因素。

除了考古發掘與民族國家認同之間的聯繫外，遺產策展實踐和旅遊也增強了民族意識。對於 Waterton 和 Watson（2014）而言，遺產旅遊的「符號景觀」是通過強調意義創造的作用來實施的。為了形象化猶太人的家園，如紀念品市場、以猶太文本的徒步旅行（tiyulim）和其他更具體的「景觀轉變機制」，一直是以色列文化的一個重要特徵（Raz-Krakotzkin et al.; cited in Bauman, 2004, p. 209）。目前，耶路撒冷的旅遊以猶太遺產為主，尤其是舊約中描述的第二聖殿時期。例如，哭牆和大衛塔是耶路撒冷的重要景點。因此，在旅遊套裝行程中可以看出，整個旅行體驗都包裹在希伯來聖經故事和符號景觀中（Waterton 和 Watson，2014）。現代猶太國家保護歷史遺產時在意識形態上刻意創造新的符號，並將阿拉伯景觀「歸化」和猶太化，例如重新論述（或抹去）巴勒斯坦的遺產（Yacobi, 2007; Cited in Mualam, 2015, p. 621）。此外，本文還回應 Winegar（2008, p. 652）的說法，「與普遍審美原則支配的中性過程相比，這是一個深刻的政治過程，由特定的品味、評價框架和制度需求塑造，選擇、評估和詮釋藝術作品的含義。」遺產的保存、公開展示和博物館化通常被認為是有價值的歷史標記，是值得讚揚或紀念的東西。此外，這些標記可能被理解為授予一種合法性（Macdonald, 2005）。因此，在這種情況下，以色列的遺產策展實踐和考古發掘呈現了猶太符號的合法性和鞏固以色列身份的政治需要。遺產顯示了協商的意義。此外，符號學景觀中存在累積意義的強度輪廓（Waterton & Watson, 2014, p. 109）。這意味著遺產符號成為建構民族國家敘事的註記說明，從而強化聖經遺產旅遊與民族主義聯繫的合法性。此外，遺產旅遊策展實踐也會影響遊客自身對民族國家／地方的體驗和知識建構（Taylor, 2015·;Shilo & Collins-Kreiner, p. 2019）。以這種方式進行考古發掘和遺產旅遊策展實踐的一個例子，是東耶路撒冷的錫爾萬地區

（Silwan），自古巴勒斯坦時代以來，巴勒斯坦人就居住在那裡。由於大衛城在希伯來聖經中的位置，錫爾萬現在是一個有爭議的地方。考古學科將其標記為猶太—以色列遺產遺址（Noy, 2012）。此外，根據耶路撒冷當地組織 Emek Shaveh（2019）發布的大衛城國家公園遊客資訊，透過考古發掘和遺產管理實踐，為證明以色列在東耶路撒冷的定居點的合法性，在以色列政府的支持下，大衛城國家公園的管理者埃拉德基金會強調了大衛王的故事，而不是其他時期的故事或錫爾萬（大衛城）當地人的生活。旅遊業如火如荼地發展，但策展實踐的敘事完全脫離了居住在錫爾萬的巴勒斯坦居民的日常背景，也沒有對該遺產地的古代巴勒斯坦歷史進行描述或解釋（Taylor, 2015；Shilo & Collins-Kreiner, 2019）。因此，很明顯，遺產管理和旅遊項目的設計，有助於創造歷史敘事和民族國家意識形態作為一種發明的傳統（Hobsbawm & Ranger 1992）。遺產不僅僅是美學。此外，旅遊解釋結構的構建和旅遊帶來的身體實踐可以滲透到旅遊體驗的多個面向（Taylor 2015）。正如上述案例，這意味著通過耶路撒冷的符號景觀和錫爾萬（大衛城）的詮釋路徑，遺產策展實踐吸收並強化了城市聖經起源的意識形態。這種發明的符號景觀最終可能會發展成一個真實的地方，遊客／朝聖者可能只傾向尋找以特定歷史敘事標誌之地的特定體驗。

然而，面對以色列通過考古挖掘和遺產管理實踐長期建構民族國家身份的同時，巴勒斯坦人也通過設計替代路線來建立他們對遺產、地方和民族的歷史記憶的敘述。例如，自二〇〇七年以來，錫爾萬（大衛城）當地組織 Emek Shaveh 一直試圖通過替代旅遊路線構建另一種關於過去的話語。Emek Shaveh（2013）提到考古發掘已經摧毀了伊斯蘭教的重要遺址。因此，替代路線提供了日常生活和當地巴勒斯坦社區的痕跡、歷史和記憶，例如古老的水生植物和此地居住多年的居民故事。正如 Butler（2009, p.238）所說，「修護和策展以類似的方式繼續鞏固遺產話語 — 努力調動關於巴勒斯坦檔案記憶中『其他民族的』、『同一個世界』、『可治療性』和『衝突中的身份』。」在這種情況下，替代路線和策展實踐可以揭示現實性（「世俗性」）（Ibid）。在此之前，檔案修復與重建是重振這片土地歷史存在的必要基礎（Said, 1999）。因此，建立地方的記憶和歷史，振興集體歷史，是一個民族最重要的當務之急。除了當地居民，它還為面臨衝突和流離失所的群體提供治療功能（Ibid）。此外，東耶路撒冷的藝術機構也策劃了抵抗活動。二〇一六年，巴勒斯坦藝術之家（Palestinian Art Court - al Hoash）舉辦了「重新審視耶路撒冷#2：回歸」展覽（RE/viewing Jerusalem #2: Return），試圖對耶路撒冷老城的歷史提供不同的視角和敘述。當時，該項目的負責人 Alia Rayyan 說：「我們試圖通過藝術參與社會的各種活動，讓人們重新發現耶路撒冷，收集不同世代巴勒斯坦人對耶路撒冷的歷史和記憶，質疑關於土地和民族國家的歷史和身份。」（Palestinian Art Court - al Hoash, 2016）。作為活動的一部分，許多當地的巴勒斯坦藝術家製作了與耶路撒冷老城當地背景相關的參與式藝術品。此外，由長期居住的居民帶領導覽，這條路線引發了對民族國家和這片土地的構建歷史的對話和反思。該項目旨在重建主流敘事並呈現屬於個別當地人的反歷史。正如 Haberwach（1992）在記憶的社會框架中所描述的，記憶是一個集體框架，它是由社會成員的個體記憶（集體記憶的媒介）的結果和總和構成。這樣的框架使集體記憶能夠重建過去的形象；圖像符合社會主流觀念。因此，通過這種話語抗拒，個人記憶不僅通過旅遊參與的身體實踐得到重組，而且集體記憶也被塑造，引發公眾討論國家意識形態操縱下的歷史。從巴特勒（Bultler）（2009, p. 244）的角度來看，療癒和策展的詞源，與保存、保護與復活的渴望密切相關。Cure／curation 復興了另一個「舊的」檔案主題，並且揭示「檔案／博物館成為『療癒靈魂的地方』」（Canfora, 1989）。因此，在考古景觀、遺產策展實踐、旅遊路線的背景下，當地歷史、文化和口述記憶成為治療的場所。

整體來說，遺產及其策展實踐通過希伯來聖經和猶太復國主義，策劃了一個新的歷史社會框架和以色列民族國家的意識形態。事實或證據的意識形態論證已經被重組、重塑、轉化（Dagher et al., 2007, p. 102）。因此，本文認為，遺產策展實踐已被視為創造歷史敘事和民族國家意識形態的工具。然而，空間、物質文化和遺產最初是中性的，它們在不同時期對不同群體有著不同的意義。縱觀歷史，當代新歷史主義存在著許多缺失的部分和碎片。然而，缺失的部分和碎片對於還原歷史碎片至關重要，這可能是流散、非人化和苦難的經歷。正如傅柯所說，反歷史的概念是對民族國家形成的規訓力量和主流話語的反抗。基於以色列在古代巴勒斯坦的敘事和身份建構的案例，社會可能面臨知識和歷史所建立的真實性的挑戰。從這個案例來看，在國家機器集體框架的爭論中，反歷史的概念對於揭示隱藏的歷史是不可或缺的。此外，有必要在整個綜合反思過程中更詳細地討論身份、知識和歷史演變。

第六部

無力的結語 Murmur Murmur

1 — 來自他人的印象

「中東很危險，你為何要去？」

每每跟他人分享中東遊歷時，這大概是我最常聽見的一句話。

頗能理解他人為何會有這樣的想法，大眾唯一能夠接收中東訊息的管道大概就是「媒體」。遙遠之處的消息，往往僅揭露當地衝突與戰爭，例如大批群眾流離失所，這樣的負面訊息也產生了不少刻板印象，也間接助長反中東情緒（Anti-Middle Eastern sentiment）[52]，抑或是加深了大眾的伊斯蘭恐懼症（Islamophobia）[53]。人們

---

[52] 反中東情緒是對中東及其文化，以及基於與中東和中東文化的聯繫的人的敵意、仇恨、歧視或偏見的感受和表達。但該情緒這與伊斯蘭恐懼症不同。

[53] 伊斯蘭恐懼症是對伊斯蘭教或穆斯林的恐懼、仇恨或偏見，而於九一一事件及之後連串涉及穆斯林發動的恐怖攻擊，使得該恐懼症現象逐漸上升。

對中東的刻板印象和誤解逐漸形成，許多人現在對這個幅員遼闊、多樣化的地區抱有非常困惑和相當狹隘的看法。

但來到這裡生活，發現當地人其實與我們差異不大，每日與家人聚會，一同吃著飯、一同高歌，他們傳承著歷史悠久的文化習俗，也彼此關心，相互支持。近年來，許多人分享的經歷，也揭開這塊土地神秘的面紗，這接舉措逐漸化解誤導的印象。即使有再多的負面聲音，我依舊熱愛這塊土地，似乎，我能在這找到遺失的歸屬，當我重新再重新細讀著馬哈茂德·達爾維什的詩，便思索起家、土地、歸屬……

I Belong There

I belong there. I have many memories. I was born as everyone is born.
I have a mother, a house with many windows, brothers, friends, and a prison cell
with a chilly window! I have a wave snatched by seagulls, a panorama of my own.
I have a saturated meadow. In the deep horizon of my word, I have a moon,
a bird's sustenance, and an immortal olive tree.
I have lived on the land long before swords turned man into prey.
I belong there. When heaven mourns for her mother, I return heaven to her mother.
And I cry so that a returning cloud might carry my tears.
To break the rules, I have learned all the words needed for a trial by blood.
I have learned and dismantled all the words in order to draw from them a single word: Home.

Mahmoud Darwish (1941 – 2008)

2

新的旅程：轉變

因為 COVID-19 的爆發，原本預計於二〇二〇年四月的定居之旅，也嘎然中止；世界彷彿按下了停止鍵，而我自己也停留在二〇二〇年一月的最後一趟旅行。身體依舊記得那塊土地的氣味，風拂袖過髮絲的感覺。過了三年之久，二〇二三年三月再次回到這塊思念已久的土地，而這塊土地上的衝突與糾葛並未因 COVID-19 緩些，反而自二〇一八年以來，越演越烈。短暫旅行的期間，經歷了各地的衝突與槍擊，以及雙方的攻擊，不免難過。

在這條路上，我並不後悔。

二〇二三年三月

二〇二三年的旅程，看似人事物仍如記憶中一般，直至去到大馬士革門外納布盧斯路，搭上往拉姆安拉的公車，過卡蘭迪亞檢查站時，那些隱藏於心的緊張才冷不防的出現，心揪著，看著口岸每個軍士背著槍枝，一臉嚴肅正義凜然地逐一檢查通行者的證件，時而盤問，終於順利過關了。匆匆地見了幾位朋友，問候著 COVID-19 的這幾年間是否安好，過得如何，久違如此的閒話家常，心又揪了起來，想著：「**下一次見面會是何時？**」

隔了幾日，到朋友家作客，那天電視正播著九人在傑寧難民營（Jenin Camp, مخيم جنين）被以色列國防軍槍殺的新聞，朋友的家人說著：「雙邊衝突越發嚴重了。」坐在屋外的階梯上，喝著一口口熱茶，看著皎潔的月，閒話家常的聊著，這一切的紛擾似乎好遠，卻又好近，內心感慨萬千。在這趟旅程的最後，得知那對以色列猶太人與巴勒斯坦穆斯林的情侶已經分手，他們最終還是抵不過社會與家族的壓力，我曾換位思考：「若是我會做出怎樣的選擇呢？」

或許是這般緊張與衝突，讓彼此更加珍惜著相聚的每個時刻。來到此心心念念的聖地，是我的幸運，是生命之中不可或缺的一部分，每個時刻，都足以讓我屏息，心底的一股聲音就這樣浮現：

「這依舊是我的心之所屬。」

I still feel that I belong here.

後話——أمتعة منفية نسيتها我所遺忘的流亡行李（阿拉伯譯稿）

مقدمة : أمتعة منفية نسيتها

أعيد الإمساك بالقلم والاستماع إلى الملفات الصوتية ولا أدري كم فترة قد مَرّت بي، لاستعراض ذكريات رحلتي إبان سنوات ما قد مضت وترتيب تفاصيلها بشكل متسلسل زمانيًا......

لقد قررتُ إعادة السفر إلى فلسطين لجمع المعلومات الخاصة ببحثي، غير أن تفشي كوفيد – 19 قد فاجأ أنحاء العالم عام 2020 فاضطررتُ إلى ترك هدف سفري إليها حتى تجمّد انطباعي في فلسطين منذ فصل الربيع، عام 2020، زمانيًا ومكانيًا...... مما جعل تراب الزمان يتراكم على خاطر وضع الملاحظات المتوجهة إلى تجربة سفري على مدى طويل. واستغللتُ العطلة القصيرة بين فترتي للعمل، التي تمتدّ شهرًا واحدًا، لا أقلّ ولا أكثر، اختصاصًا ببقاء في تايوان على مدى يوم واحد أولًا، ووصولي إلى المطار للسفر المتوجه إلى الأردن، وإسرائيل، وفلسطين ثانيًا، في حالة أن الوباء قد انحسر تدريجياً وغمضت صور الأحداث الدنيوية حتى كِدْتُ أجهل تطورها كلها بحلول عام 2023. ومازلت أتذكر تحمّسي في الرحلة حينذاك في حين أن الدموع تذرف دون سبب. وظننتً أنني قد نسيتُ الحالة الذهنية العاجزة الراجعة إلى خيبة الأمل في الرحلة، لكنني على دراية أن هذه الخيبة مازالت حيةً في حين أن الشعور المعقّد صادفني متدفقًا وأتممتُ حجز التذكرة.

أمسكتُ التذكرة مفكِّرةً: "إنني أودّ العودةً......"

قد وصلتُ إلى الأردن في فبراير. وعندما نزلت من مطار الملكة علياء الدولي، فإذا كل المناظر المعروفة والمجهولة على حد سواء. والرائحة التي كنت أشتاق إليها منذ السنوات الثلاث الماضية قد دلّتني إلى ذكرياتي، مما جعلني أتصل بصديقي قائلة: "قد عُدتُ أخيرًا."

وردّ عليّ صديقي قائلًا: "وأنا أنتظر عودتَكِ في نهاية المطاف".

قد بقيت في الأردن على مدى أسبوع واحد. أما في اليوم الأخير من بقائي في الأردن، فركبتُ الحافلة التي انطلقت من وسط البلد، متوجهةً جنوبًا إلى العقبة. فشعرتُ بتزايد التوتر مع مرور الزمان إبان رحلتي تفكيرًا في كيفية عبور معبر حدود جسر الملك حسين بسلاسة بعد قليل. وكان من حسن حظّي أنني قابلتُ مجموعةً من التايوانيين الذين يدخلون إسرائيل عبر المعبر ليزوروها، وعبوري بصحبتهم لم يُثِر شكّ المسؤول عن إجراءات التفتيش فيَّ مما جعلني أعبر الحدود في غاية السهولة. إنني لم أكَدْ أصف درجَةَ التحمس وجئتُ إيلات – المنتجع الساحلي الإسرائيلي.

وإن الرحلة هذه التي توقعتها منذ الزمان، قد حرّكت عقرب الساعة المتجمد في ذهني مجددًا عقب التوقّف الناتج عن تفشي جائحة فيروس كورونا في أنحاء العالم.

كنتُ في مزاج عكر وجيد في آن واحد خلال ثلاثة أسابيع قصيرة من بقائي في فلسطين وإسرائيل كأنني استحممت في ساونا نظرًا لمقابلة الأصدقاء الذين لم أرَهم منذ الزمان، وتصاعُد النزاع بين الطرفين في الوقت نفسه. يبدو أن علاقة الناس بين الطرفين تشبه وترًا مشدودًا جدًا يسهل عليه الخروجُ عن مدار السلام فالانقطاع. وبدا أن حظر التجول في الليل لا ينتهي في حين أنني شاهدت نشرة الأخبار المشيرة إلى التنازع بين الطرفين. قال صديقي: "من حسن الحظ أنك جئت هنا هذا الشهر. إذا أتيت هنا في رمضان، فلا أدري ماذا سيحدث في القدس...... أتمنى سلامة جميع الناس.

في اليوم الأخير، قدمت إلى تل أبيب – يافا، مدينة قريبة من البحر لمقابلة أحد أصدقائي هناك. بدا أن الهدوء كان يسيطر على كل زاوية من زوايا هذه المدينة، إلاّ أنها قد تعرّضت للهجمات في وسط المدينة في يوم ما قد مضى. واكتأبت إبان بقائي هنا على ما عانَت منها هذه المدينة من الأحداث المرعبة كل يومين أو ثلاثة أيام تقريبًا حتى أصبح الشعور المكتوم مسدودًا في الحنجرة إلى حد ما يصعب عليّ سرده ومشاركته.

فطرح صديقي سؤالًا عشوائيًا قائلًا: "هل تودين إعادة زيارة هذا المكان عقب مرور المدينة بهذه الأحداث؟".

فقلتُ له: "طبعًا، سأعود مرةً أخرى.

البلد والنضال

المكان الذي ينتمي إليه قلبي، بلدتي القديمة

البلدة القديمة بالقدس تعدّ منتمى جميع الناس، وكذلك منتمى قلبي.

***

فتحت عينيّ وأذان الصلاة الأول انتشر حول المدينة كل صباح. بعد غسل الوجه وتنظيف الأسنان، بدأت بتجول البلدة القديمة بالقدس، حيث يجرّني فجأة إلى زمكانية آخرى كأنني كنتُ أتابع الخطوات التاريخية وأصبح واحدًا من الشخصية التي عاشت العصر القديم. أحيانًا، تسلقت جبل الزيتون بصحبة صديقي وهبّت ريح الليل وأنارت المصابيح البلدة القديمة بالقدس. نظرتُ إلى أبعد مسافة البلدة وأنا واقفة على قمة جبل الزيتون، فوجدتُ قبة الصخرة تعاكس النور الذهبي كأنها تروي تاريخًا لن ينتهي.

عندما كنتُ أمشي على الشوارع التي تمتد من جنوب البلدة إلى شمالها، أو من شرقها إلى غربها، سمعتُ الباعةَ يصيحون هنا وهناك في السوق الضاجّ :

"عشرة[54] "، ويكاد هذا الصوت يهزّ أسفق السماء. وأنا مولع بازدهار البلدة القديمة بالقدس وشوارعها الممتلئة بالنشاط. كنتُ أمشي والأسوار القديمة حتى باب الخليل. أثناء دخول الباب، فإذا محلات تبيع المأكولات المتنوعة المتميزة بمذاق الشرق الأوسط مع صياح الباعة الذي يواجهني ليسوّق الخبز العربي مع الكباب، والفلافل، والحمص. وسمعتُ صياح الباعة ينتشر هنا وهناك إلى درجة لا تنتهي، وكنت أتجول في أزقة البلدة القديمة متابعةً لرائحة القهوة. ثم انعطفتُ إلى الأسواق الثلاثة القديمة – وصولًا إلى أساقف سوق العطارين، سوق اللحمة، وسوق المجوهرات .عندما جلست على الأسقف، وجدت أن قبة كنيسة القيامة وأسقفها ذا الصليب على يساري، والقبة الذهبية لقبة الصخرة تتألق أمامي، إضافةً إلى الآذان الإسلامية، وأصوات الجرس من الكنيسة، وهمسة بالدعاء بجانب حائط المبكى. خلال بقائي في القدس، اتّبعت أسلوب الحياة هذه دون وعي: أفقت مبكرةً، ثم ذهبت إلى قبة الصخرة مرورًا على حائط المبكى، وصولًا إلى كنيسة القيامة، حيث بقيتُ تفكيرًا فيما نزل بالمدينة المقدسة هذه، فاستوعبت أهمية المدينة شيئًا فشيئًا.

[54] الرقم 10 في اللغة العربية.

رحلة مشاركة من خلال الانتقال

اعتَدتُ على تجاوز حدود ذهابًا وإيابًا بكوني رحّالةً، وأجنبيةً، وسائحةً، وغريبة. إن "الحقل "ليس وعاءًا يصنّف تنوعات الأمكنة بشكل ثابت، حيوية الحقل تتجلى في ظهور التداخل بين تجاوز المكان ذي المعنى، ودخوله، والخروج منه (ديليانني، تر: وان جي هوم والآخرون، 2017، ص39). وقررت هذه المرة رحلةً تتخطى حدود الشعوب وأرض البلد.

في القدس منطقة سكنية مختلفة جراء اختلافات الأديان والشعوب. ذات يوم، شاركتُ "أي "تجربتي لزيارة منطقة ما، فقال" :ليس هناك التمييز مثله سابقًا، فكان تتعايش الشعوب المؤمنون بالأديان المختلفة ."ربما أن الأسباب السياسية سببت تقسيم البلدة القديمة إلى حارة النصارى ، الحي الإسلامي، وحارة الأرمن، وحارة اليهود. إن المجالات تقوم على بنيات هيكل ومكونات لا تحصى، حيث تشكل أساليب حياة الناس، وعلاقتهم، وتفاعلاتهم. وداخل البلد تقسيمات سياسية وإدارية مختلفة، ومحميات، وتقسيمات الأرض، ومناطق إدارية، ومناطق دينية، ومناطقة أخرى، حيث تسيطر على الدول الشعبية الإقليمية. (ديليانني، تر: وان جي هوم والآخرون، 2017، ص7). كيفما تنقسم هذه الأسر إلى أي منطقة، تعِش في البلدة القديمة منذ القدم أسر كثيرة تطلق عليها "العائلات القدسية"، التي تشبه علامةَ المرور في مدينة القدس. قال لي واحدٌ من أبناء العائلات القدسية "إي" :"من هذه العائلة، العائلة المسلمة التي تحمل مفاتيح بوابة كنيسة القيامة الرئيسة وتقوم بحراستها وهي عائلة "نسيبة"، والعائلة المسؤولة عن حماية القدس وهي عائلة الحسيني، والعائلة

تتولى مناصب حكومية مهمة وهي عائلة النشاشيبي، والعائلة النبيلة مثل عائلة قطينة والعائلة التي تصنع المنتجات الطحنية وهي عائلة طحّان، والعائلة التي تصنع الحلويات وهي زلاطيمو، واالعائلة مثل الرصاص، ودجاني وإلخ. "

" ولكن، هل تعرفين ....." شدّد "إي" على ذلك قائلًا: "هذه العائلات لا تكاد تسكن في البلدة القديمة بالقدس."

من المحتمل أن هذه الظاهرة جاءت نتيجَةً لتكاثر سكان المدينة وتأثير الأسباب السياسية، كما تذكرت مقولات أحد أصدقائي الذي يعيش في القدس الشرقي إن إسرائيل أصدرت عام 1996 سياسة تطلق عليها "مركز الحياة "تسمح للشرطي والجندي بدخول أي بيت بشكل عشوائي تأكدًا مما إذا كان هناك شخص يسكن فيه، ويجب على الساكن توفير الإثبات الذي يشير إلى ملكية هذا البيت.

والأمر المخيف هو الجدار غير المادي الذي يفصّل الشعوب.

بعد الحرب بين الدول العربية وإسرائيل، فدخلت اتفاقية أوسلو الأولى[55] وسياسة حقوق الإقامة المستدامة حيزة التنفيذ، بإمكان فلسطينيين الذين

---

[55] بين عامي 1993-1995، رئيس حركة فتح ياسر عرفات وقع مع رئيس الوزراء الإسرائيلية إسحاق رابين اتفاقية أوسلو، إتفاقية ذات المعنى التاريخي، والاتفاق الانتقالي بشأن الضفة

يعيشون في القدس أن يطلبوا أن يصبحوا إسرائيليين بشرط أنهم يبرهنون على أنهم يعيشون هناك ويحملون بطاقات الهويات الزرقاء ويستمتعون بحقوق الإقامة المستدامة، غير أن الفلسطينيين من هذا النوع يكوّنون من جزءًا قليلًا نسبيًا من مجموعة فلسطينيين، ويصعب علينا تأكد مما إذا كانت طلباتهم ناجحة)؛ إن الفلسطينيين الذين يحملون بطاقات الهويات الزرقاء لا يستمتعون بحقوق التعبير، وسيطرة الرأي، بعبارة شعبية أخرى فإنهم المواطنون من الدرجة الثانية.

ذات مرة، قابل "أي" صديقه "دي"، الذي ولد ونشأ في الضفة الغربية، ويمكن جسّ الجو المتوتر بين الطرفين أثناء حوارهما. من وجهة نظر "دي"، "أي" الذي ولد ونشأ في القدس، يستمتع بالحرية الأكثر منه؛ لكن، بالنسبة لـ"أي"، الناس الذين يعيشون في الضفة الغربية فيستمتعون بالحماية الأكثر، وجودة الحياة الأحسن، والانتماء الأقوى إلى الأرض. قد اتضح أن أيَّ طرفٍ من الطرفين لا يستوعب التعقيدات والصعوبات اللتين عاشهما الطرف الآخر.

"أي "هو فلسطيني من أصل أفريقي[56]، يحمل بطاقة الهوية الزرقاء ويعيش في القدس. لديه سبعة إخوان وأخوات. ويسكن هو ووالداه وأفراد أسرته في

الغربية وقطاع غزة. قد انسحبت القوة الإسرائيلية من الضفة الغربية وقطاع غزة، تسيطر حركة فتح على بعض مناطق الضفة الغربية وقطاع غزة من خلال تنفيذ الحكم الذاتي المحدود، إلا أن القوة الإسرائيلية مازالت تسيطر على الحدود، والمستوطنات الإسرائيلية، والقدس.

[56] المعلومات حول فلسطيني من ألأصل العربي، ينظر:
.https://en.wikipedia.org/wiki/Afro-Palestinians

البيت المزدحم جميعًا للبقاء في القدس والمحافظة على الأرض المقدسة. غير أنهم لا يسمح لهم بالعيش خارج القدس أو مغادرتها على المدى الطويل، كما أنه يجب عليهم طلب " وثيقة الزيارة " قبيل زيارة الدولة الأخرى لأنهم لا يحملون جوازات السفر. أما " دي " فهو فلسطيني يحمل بطاقة الهوية الخضراء ويعيش في الضفة الغربية. إذا أراد الذهاب إلى القدس، فيجب عليه طلبُ الإذن من حكومة إسرائيل؛ إذا أراد زيارة الدولة الأخرى، فبإمكانه الحصول على جواز السفر الأردني المؤقت، والوصول إلى الدولة الأخرى عبر المعبر الأوسط بين حدود الأردن وإسرائيل – معبر حدود جسر الملك حسين (بتسمية أخرى: جسر آلنبي)[57]. يودّ العودة إلى أرضهم كما يودُّ الفلسطينيون الآخرون.

لكن، الانفصال سالف ذكره، يتسبب في إخراج الشعب من الأرض (de- territorialization) ، وإعادة الشعب إلى الأرض(re- territorialization) ، نظرًا إلى تشديد الدولة على تحقيق غاية من الغايات الاجتماعية والسياسية والاقتصادية والثقافية، مما يودي إلى وقوع الانفصال على الشعب نفسه.

---

[57] بعد حرب الشرق الأوسط الأولى الواقعة عام) 1948تطلق عليها حرب ستة أيام(، سيطرت الأردن على القدس، ويحمل معظم مواطنيها جواز سفر الأردن حتى عام 1967، حيث سيطرت إسرائيل على القدس، فهاجرت موجة كبيرة من اللاجئيين من حيث كانوا يسكنون سابقًا .إذا انتقلنا من القدس إلى المدن الأخرى، وجدنا مخيمات اللاجئيين ذات جودة الحياة السيئة جدًا التي تقع بجوار جدار الانفصال بعد عبور نقطة التفتيش بالحافلة .بالرغم من أن قوة الأردن قد انسحبت من القدس منذ عام 1967، غير أن حاكم الأردن الملك حسين مازال يسمح للفلسطينيين بخروجهم من الأردن ودخولها من خلال المعبر الأوسط، إذ إنهم مازالوا يستمتعون بحرية الهجرة بين الطرفين.

وبإمكاننا أن نجد انفصالَ الشرق عن الغرب من خلال الجدار والحدود وإثبات الهوية، وتراكُمَ عدم التفاهم نتيجةً للانفصال اقترانًا بانتمائهم العميق إلى الأرض هذه على حد سواء" .ما هي طريقة الحوار الأحسن؟ . "من المتضح أن الإجابة على السؤال مختفٍ في زاوية من زوایة القلب على ما يبدو أنه لا جواب له.

* * *

أما تجربتي الأخرى للتعامل مع الشعوب المختلفة فتقوم على التعايش مع صديقي اليهودي خلال حقبة زمنية ما. مازلت أتذكر أن ذلك اليوم في اليوم التاسع من شهر آب (Tisha B'Av) תִּשְׁעָה בְּאָב، وهو عطلة إسرائيل الرسمية واليوم أشد اكتئابًا في التقويم اليهودي – حيث وقع خراب الهيكل، لإحياء ذكرى المصائب التي يعاني منها اليهوديون في اليوم نفسه، وأدت المصائب إلى خراب الهيكلين الأول والثاني في القدس، وذبح اليهوديين بمبلغ ما يتجاوز خمسين ألفَ ضحية في روما عام 135 الميلادي. ويمتنع اليهودي هذا اليوم من الأكل وشرب الماء، والغسل، والاستحمام، و وضع المستحضر والزيت، وارتداء الحذاء، وعقد الزواج، كما أن من يزُر المدينة اليهودية يجد أنهم يمتنعون عن كل الأنشطة الترفيهية والاسترخاء.

هذا اليوم، تسيطر على المدينة غاية الصمت كأنها تشبه كونًا من الفراغ، ودرجة الصمت تصل إلى مقدار ما يمتّص صوت التنفس. وصلنا أنا وصديقيَّ "إي " و"إف "إلى شاطئ البحر وكنّا نشرب الخمر عليه بعد الساعة الثانية عشرة في منتصف الليل. والقمر المتنامي كان يتعلق على السماء وتغرق هذه المدينة

الصغيرة في ضوئه الصافي وغاية الصمت. كانا يشاركانني تاريخ خراب الهيكل[58]، واليهود، والتعامل الحالي بين الشعبين العرب واليهود قائلين "قولي لنا، هل هناك أي اختلاف بيننا؟ نحن نعيش جنبًا إلى الجنب ".بالصراحة، ليس هنا اختلاف بينهما، بل إذا كان الأمر سهلًا كما يتخيلان، فلماذا لم يأتِ السلام بعد حتى يومنا هذا؟ يكونان الحبيبين بين العرب واليهود اللذين قد يتعايشان على مدى أربع سنوات. ذات يوم، سألتُ أي وكنتُ أساعدها في تنظيف بيتها قائلةً : "هل ستتزوجان؟" ."أعتقد ذلك "قالت هكذا فرحةً" .هل سيوافق أفراد أسرتك كلهم على هذا الزواج؟"، ردت عليَّ قائلة" :أتوقع ذلك! "، غير أنها قد ذكرت أنها لا تريد متابعة نشرة الأخبار على القدر المستطاع. اعتقدت أن هذا الأمر طبيعي نظرًا للعقدة الباطنية نتيجةً للتنازع والجروح بين الشعبين وهذا ليس إلا بغاية الشدّة. جاءت إي إلى إسرائيل بصحبة والدتها وجدتها وكانت طفلةً في ظل أن إسرائيل سَنَّت قانونَ العودة عام 1950 (חוק השבות، The Law of Return)، الذي شجع اليهود في أرجاء العالم على

---

[58] من المحتمل أن جبل الهيكل هو يعدّ أشهر مزار ديني، أما الهيكل فهو أقدس مكان، حيث يعبد اليهود القدماء. تأسّس هيكل القدس على جبل الهيكل حينذاك، ويستخدم خيمَة الاجتماع مع التضحية قبل بنائه، غير أنه قد أصبح مكانًا، حيث يعبدون الناس الله. قد مرّ جبل الهيكل بعدّ مراحل: أسّس الملك سليمان الهيكل الأول عام 967 قبل الميلاد، ثم اندمر الهيكل الأول عام 586 قبل الميلاد؛ وتأسس الهيكل الثاني عام 515 قبل الميلاد، فاندمر عام 70 قبل الميلاد. يؤمن اليهود بأن الهيكل هو المكان، حيث أعاد المسيّا تأسيسَ الهيكل الثالث أثناء مجيئه. إن موقع جبل الهيكل المحدد مازال مجهولًا حاليًا، إلا أن اليهود يعتقدون جبل الهيكل يقع في حيث يقع مسجد الأقصى. وقد تأسس مسجدان مهمان هما قبة الصخرة، ومسجد الأقصى قبل سيطرة العرب على هذه البقعة من الأرض. (جو شياو تشي، 2018).

العودة إلى إسرائيل ووفر لهم الحق بالجنسية. برغم من ذلك، فمازالت إي تتعرض لـ"التميز العنصري "جراء أصلها الأفريقي، وعدد اليهود الذي قد تعرض للمعاملة مثلها ليس قليلًا .ذات يوم، قالت لي "إيل "وكنّا تقابلنا : "كثيرًا ما نساعد أنا وزوجتي هؤلاء اليهود، لكن، التبرعات إليهم لا يمكن الإعفاء عن الضرائب. يبدو أن الوطن بذاته لا يُعنى بهذا الأمر إلى حد ما.

إنه مازالت في نسيج الحياة تميزات "خارجية "و"داخلية "أو قضايا، سواء أكانت المناطق بين الشعوب أو الشعب نفسه.

تجاوز الجدار: بحث عن الحرية

مازلت أتذكر نية إتياني هنا" – أتوقع تسجيل القصص الحقيقية باستثناء الحرب"، قلتُ لنفسي بالجدية، غير أن إرادتي قد تعرضت لأكبر التحديات – الجدار. وحاولتُ عبور الحدود بين فلسطين وإسرائيل. تعرضتُ في بداية الأمر لما اعتاد عليه المحلّيون من محطة التفتيش وجدار الانفصال، إذ إنه يمكن للسيارة أن تدخل فلسطين مباشرة دون تفتيش، مقارنةً بأنه يقتضي السيارةَ عبورُ محطة التفتيش وإجراء تفتيش الإثبات المحدد الرتيب قبل دخول المناطق التي تسيطر عليها إسرائيل.

تتراكم تذاكر الذهاب والإياب في محفظتي، وكذلك تأشيرات إسرائيل للدخول، كأنها تميمة تحافظ على سلامتي ، غير أن الجدار الذي يفصل بقعة الأرض عن الأخرى، ومحطة التفتيش التي تتأسس واحدة بعد أخرى، وأثباتات بطاقات الهوية ذات ألوان مختلفة، جميعها تقطع التواصل العميق بين الفلسطينيين

دون توقف. إن هذا هو الدرس الأول الذي تلقيته أثناء إتياني رام الله. أما غزة التي ليست بعيدة عن حيث كنتُ، فشهدت منذ مارس التظاهرات التي تطلق عليها تظاهرات مارس الكبيرة للعودة، ولوحظت الأوضاع المتوترة منذ ذلك الوقت حتى الآن، فالأوضاع هنا ليست باستثناء.

قد مرّت سبعون سنة، فأين السلام؟ كنت أتبادل أطراف الحديث مع الغريب بجانبي وركبتُ الحافلة التي تنطلق من القدس وتصل إليها. سمعته يتحدث بقدر ما استطاع عن "انتمائه "إلى البلد، والبلد الذي ينتظر عودته إليها طوال حياته بالكلام متحمس النبرة بل الخاتمة الضعيفة دون جدوى، كما ذكره الكاتب وانغ دينغ جيون في كتابه، قائلًا" :كتابي يعاكس وجودَ جيل من الناس بواسطة الحسّ، والتخيل، والتصرفات، والتفهم؛ والحريةَ التي قد انتظرتها طوال حياتي كلها."

* * *

كنتُ آخذ الخريطة الورقية معي وتجولتُ في المنطقة المحلية. سألني صديقي قائلًا" :لماذا لا تستخدمين خريطة غوغل؟ هل هي مريحة أكثر، أ ليس كذلك؟ "طفقت أفكر في كيف أكافح الدولة الكبيرة بكوني أجنبية إبان الأيام المتوترة" – الشخص غير المتسلح"، و"لا أريد أن أُكْتَشَفُ"، و"هل من المحتمل أن أعجز عن العودة إلى حيث كنتُ وأكون؟ ....."في الأرض المقدسة التي تكتظ بالجيش الالكتروني، يا له من واقع متهكم! جاء هنا الناس بالخريطة للحج، غير أنهم الآن يأتون هنا بها بوصفها تعويذةً تحمي حياتهم. قد أصبحت دراسة تفاصيل كل نوع من أنواع الخرائط ومقارنتها بالأخرى مهمةً يومية

للقدوم إلى الأماكن الأكثر والتخطي إلى المسافات الأبعد؛ غير أن المعابر المسموحة بعبورها ، والطرق القابلة للمشي كثيرًا ما تخرجان عن السجلات الرسمية الثابتة مع تطورات الأوضاع السياسية المتوترة في أغلب الأحيان، فالخطاب والتاريخ والمكان الحياتي كلها تُكتَب بأنشطة الناس. لذلك، أي وسيلة إعلام جديرة بمراجعتها؛ وأي خبر موثوق به؟ إجابةً على السؤالين، لم أقُم إلا بالمقارنة البحثية الشاملة لأستنتج منها ما أسميه "خريطتي السياسية"، الخريطة المنطقية التي تتوفر مختصة بنتيجة جمع المعلومات وتحليلها وتدقيقها.

عندما أشعر بأنني مقيّد في الحياة، خاطر ببالي دائمًا أن الفلسطينيين يتدفقون من الضفة الغربية إلى القدس كل جمعة إبان رمضان، حيث وضع الجيش والشرطة الحواجز في شارع نابلس خارج باب العامود بشكل متفرق، وكانت مجموعة كبيرة من شرطة المرور تقوم بتنظيم حركة سير الناس والمركبات. ذات مرة، حاولت أنا وواحد من أصدقائي الفرانسيين من الأصل العربي تجاوز الحاجز، غير أن الشرطة أوقفتنا، فتسمح لنا بالعبور حتى رأت وجهي ذا السمات الشرقية تركتنا نعبر. كان الأسبوع الأخير لرمضان، وأستعجل العودة إلى القدس في اليوم الأخير من رمضان، غير أنني شاهدت التظاهرات انفجرت دعوةً إلى رفع العقوبات عن غزة عبر متابعة الأخبار التي تمتلئ بإطلاق النار وأعمدة الدخان، والحصار والقبض[59]......

---

[59] ينظر: https://goo.gl/7tkrze أو https://goo.gl/rPVs36.

"الشعور المعقد المتشابك غير قابل للوصف بالكلمة، والحرية المختنقة تحت المراقبة والسيطرة "خاطرت ببالي هذه الفكرة المزيجة من الشعور بالعجز.

ذكريات الأرض: الحياة المتعرضة للقمع

سجلات الشخصيات

الجيل الثاني من الفلسطينيين في الأردن

السلام عليكم. اسمي م. أنتمي إلى عائلة فلسطينية تعيش في فلسطين منذ مئات السنين. عائلتي من أكبر العائلات في فلسطين حتى يومنا هذا. جدي وجدتي ولدا وعاشا في حيفا والناصرة حتى حصل الاحتلال الصهيوني. وبعد احتلال الصهاينة لفلسطين وقيام الدولة اليهودية، اضطروا إلى الرحيل إلى الضفة الغربية للعيش وبدء حياة جديدة في مدينة تسمى جنين. ثم انتقل والدي وأمي إلى الأردن بحثاً عن الأمن والاستقرار وفرصة أفضل لهم ولأبنائهم.

-أيم، الأردن، عام 2018

المواطن الفلسطيني في القدس

حسب السياسة التي تطلق عليها "مركز الحياة"، وقدّمتها إسرائيل عام 1996. يتعين عليّ الإثبات أنني نشأت وعِشت في البلدة القديمة للقدس للمحافظة على بيتي حتى حقوق إقامتي هنا في حين أنني لا أحمل جواز السفر.

أي، إقامة فلسطين، عام 2018

"أبي فرّ من نابلس بعد حرب الأيام الستة عام 1967" – إيل، الأردن، عام 2018.

"أنا فلسطيني." – واي، الأردن، عام 2018.

يريد كل طرف محافظة على استقرار الأردن وسلامتها جراء قربها من إسرائيل، بحيث أصابت الأزمة الاقتصادية الأردن وارتفعت نسبة البطالة بشكل المستقر" – أي، الأردن، عام 2018.

"تعرفين أن ابني لا يكسب إلا مائتين وخمسين دينارًا أردنيًا كل شهر بعد التخرج. يحاول كل شاب بحثًا عن العمل خارج الأردن." – أي أو، الأردن، عام 2018.

"يتعين على زوجي وأنا دفع نصف الراتب للمصرف بكونه قروضَ الإسكان. غير أن جميع رواتبنا لا تصل إلا إلى خمسمائات دينار أردني." أيتش، الأردن، عام 2018.

"نكافح كلنا عن حقوقنا وحريتنا من خلال الأدب" – بي، الضفة الغربية، عام 2018.

"أنا بيتا – يهود، وحبيبي فلسطيني. عندما كنت طفلةً، أخذت جدتي أمي، وأخواتي، وأنا من إثيوبيا إلى إسرائيل. في إسرائيل، على كل يهودي أداء واجب التجنيد العسكري على مدى ثلاث سنوات. حينما سمعت الخبر المتصل

بالصراع والمعارك بين فلسطينيين وإسرائيليين كل مرة، أتمنى أن سيأتي السلام مجدداً." – أي، عام 2018.

ندمت على قدومي إلى إسرائيل مصحوبًا بأولادي، وخجلت من التصرفات الشنيعة." – جي، القدس، عام 2018.

"أخفيت نفسي في العالم العربي وتفاعلت مع العرب لمعرفة العالم" – أيم، القدس، عام 2018.

"أتمنى أنه ليس هنا أي صراع." – أيس، القدس، عام 2018.

قد تزوجت مهاجرةً إلى هنا منذ خمس وعشرين سنة، غير أنني مازلت أحاول أن أبقى محايدة بين الطرفين." المهاجرة الصينية، القدس، عام 2018.

فلسطيني الشتات من غزة، ويعيش الآن في قطر. – أيتش

(أي: المؤلفة؛ أيتش: الضيف)

أي: السلام عليكم.

أيتش: أنا أيتش من غزة. قد عِشتُ، ودرستُ في مرحلة البكلوريوس، والماجستير، والدكتوراه، وعملت أستاذًا جامعياً في ألمانيا منذ عشرين سنة وكنت في الثامنة عشرة من عمري. لكن، قبل حوالي ست سنوات، تلقيت عرضَ عمل من قناة الجزيرة لتنظيم ورشة الفيلم وتنسيق الأمور ذات صلة بالصحفيين، مما جعلني أنتقل إلى قطر.

أي: هل تريد العودة إلى غزة بعد حلول السنوات؟

أيتش: نعم، أود زيارة أسرتي. زيارتي السابقة كانت قبل اثنتي عشرة سنة، غير أن الأوضاع السياسية بإسرائيل لا تسمح لي بالزيارة بالرغم من أنني حامل جواز سفر ألمانيا.

أي: هل تعتقد أنك تعتاد على مذاق مأكولات الآخرين وميزات ثقافاتهم أكثر اعتيادًا من المأكولات والثقافات في بلدك حتى الآن؟

أيتش: نعم. أظن أنه ليس سهلاً عليّ نسيان ذكريات طفولتي بالرغم من أنني قد عِشتُ الدول الأخرى على مدى عقود، وبسبب ذلك، فأشعر بأنني محظوظ وأنا أتناول المأكولات الفلسطينية مع بعض أصدقائي.

أي: إذن، هل مازلت تطبخ المأكولات الفلسطينية من تلقاء ذاتك؟

أيتش: نعم، بصراحة، أطبخها جيد جدًا.

أي: هل يمكن أن تشاركنا الأطباق التي طبختها من قبل؟

أيتش: المقلوبة، والملوخية، والحمص، والفلافل، والبامية...... أما الأطباق الفلسطينية النموذجية فمنها المقلوبة والملوخية، اللتان تعجبانني أكثر من غيرهما.

أي:هل بإمكانك أن تشاركنا وجهة نظرك في الأطباق الفلسطينية؟

أيتش: على سبيل المثال، بإمكانك أن تجد الملوخية في مصر أو سوريا، غير أنني مازلت أفضّل الطريقة الفلسطينية للتحضير، إذ إننا نطبخها حساءًا لأن المعاني والأحاسيس اللتان يرمز إليهما الطعام تتصلان بذكريات طفولتي مع أفراد أسرتي أو المناسبات الخاصة. هذا هو السبب الذي يثبّت ما أفضّله في الإطار الفلسطيني.

أي: هل تظن ما إذا كان أي فجوة من الفجوات بين أجيال فلسطينيي الشتات؟

أيتش: من وجهة نظري، على سبيل المثال، نشأت في فلسطين، لذلك مازلت أحمل ذكريات فلسطين. إن فلسطين تعدّ إحساسًا بالنسبة لي، مقارنةً بالأجيال الشابة التي نشأت في الدول الأخرى، حيث لم تتعرض – صراحة – لما كنت أتعرض له من الأحداث والتجارب سابقًا بالرغم من أن أفراد الأسر يشاركون الأجيال الشابة الثقافات والتقاليد والأطعمة. من المحتمل أن الطعام الفلسطيني – بطريقة ما – يكون مجرد الطعام بالنسبة للأجيال الشابة.

أي: بعض فلسطينيي الشتات الذين ولدوا خارجها شاركوني تجربتهم قائلين إنهم يحملون الذكريات ذات صلة بالأطباق الفلسطينية.

أيتش: من الرب أنهم أوصلوا انتماءهم وجنسيتهم بالأطباق الفلسطينية، غير أن تلك التجارب تختلف عن تجارب مَن نشأوا في فلسطين – الوطن الأم والمكان المعنوي بالنسبة لي.

أي: أما بالنسبة لك، فالطعام بالذات يكون نوعًا من الذكريات، وإحساسًا بالانتماء، وهويةً.

أيتش: نعم، العلاقة بيننا هي علاقة تفاعلية، فأستطيع إحساسًا بوجود بلدي من خلال الطعام.

أي: هل مازال أفراد أسرتك كلهم يسكنون في غزة الآن؟

أيتش: نصفهم يسكنون في غزة، ونصف الآخر يسكنون في رام الله.

أي: إن الانطلاق من رام الله لزيارة غزة هو يعدّ أمرًا ذا تحديات كبيرة.

أيتش: نعم، الزيارة قد أصبحت صعبة بعد الانتفاضة. لذا، قد صعُبَ على أفراد أسرتي التقابُلُ منذ ثماني عشرة سنة.

أي: هل هناك أي اختلاف بين غزة والضفة الغربية في تحضير الأطباق الفلسطينية؟

أيتش: الطعام في غزة مالح وحار أكثران مثل الطعام الهندي. أما المثال الآخر فهو"المنسف" المثال الجدير بذكره، بصراحة، ما عندنا هذا الطبق في "المنسف"، لكن، بإمكانك البحث عنه في الضفة الغربية.

أي: إذن، هل يؤثر الطعام المصري على الطعام في غزة؟

أيتش: نعم، أعتقد ذلك.

أي: كيف يحضّر الناس الطعام كل يوم وكانت تنقصهم المواد والموارد والمكونات الغذائية؟

أي: معظم المكونات الغذائية تأتي من إسرائيل وخاصة الماء. لا شيء في غزة إلا الماء المالح. في بعض الأحيان، قدّمت الأمم المتحدة لغزة الدعم. ولا أحد استخدم الماء المنقول من أنبوب البيت.

أي: هل دعوت الآخرين ليتذوقوا الطعام الفلسطيني في قطر؟

أيتش: نعم، أود لو أتذوق الطعام معهم و أرتب هذا التجمع منزلاً يمتلئ بجو التضامن. ليس الفلسطينيون الكثيرون موجودين هنا. بالرغم من أنني قد عِشتُ هنا على مدى ست سنوات، لم أرَ أي فلسطيني بعد حتى الآن.

أي: ما علاقة غزة بالضفة الغربية؟

أيتش: بالرغم من أن الانفصال الراجع إلى المنزلة السياسية والأرض، الناس بين الطرفين مازالوا يتعرضون للاحتلال، و التجارب، والمناسبات المتشابهة. لذلك، مازلنا نشعر بوجود فلسطين.

أي: شكرًا على مشاركة تجربتكم معنا.

أيتش: عفوًا.

رسائل من سوق البلدة القديمة بالقدس

القدس

أنا طباخ فلسطيني. وحاولت المحافظة على الأطباق الفلسطينية التقليدية وتجديدها في آن واحد. لنأكل مع البعض في مرة قادمة، وسأُريك أطباقي الجديدة. – عز الدين نقشبند.

تلك الأبلطة كانت مصنوعة ومرسومة باليد في المصنع المتخصص في صناعة الأبطلة في الضفة الغربية سابقًا، ثم اشتريناها من مصنع إسرائيلي يتخصص بصناعتها فرسمناها، أما الآن فانغلق المصنع..... لذا، لم نستطع الحصول على الأبلطة إلا من خلال شرائها خارج البلد.

الضفة الغربية من فلسطين/ رام الله

حلاق

ستين سنة، وبشتغل في الحلاقة من ٤٥ سنة، وبحكو إنجليزي فرنسي وإسباني.

والدي كان حلاق من عام ال ٣٦ ومن عام ١٩٤٨ لجؤا من يافا لرام الله وهاي السنة صارلو ٧٠ سنة! ومن سبعين سنة وهم بنفس المحل يقدمو نفس الخدمة.

قبل الناس كأنو اقل عددا وهلا بسبب الاحتلال وبسبب الهجرات زاد عدد الناس.

زيادة العدد منيح وعاد بخلق فرص عمل كتير اكتر وعاد بخلي الناس أضل هون ويخليهم يتعلموا اكتر ويشتغلو اكتر، مش الإشي الي بنتمناه!

هو درس جامعة وخلص كيمياء وهو بالمدرسة وهو بالجامعة كان يشتغل حلاق وبعد ثلاث اربع سنين تخلى عن الكيميا والتدريس وقرر يكون حلاق بس مشان ينجو ويكمل لأنو التدريس ما بخلي يعيش! وهو اختار يكون حلاق مشان يضل هون ومشان ما يهاجر من البلد.

ضال الزين

٢٤ سنة، يعمل في الحسبة منذ عام، متخرج هندسة تكييف وبريد وبعمل في شركة وفي الليل في الحسبة! وعاد شغل والده.

العمل في الحسبة أحسن من آي وظيفة وأي عمل تاني، وأخوه الي من متعلم والبلد.

الاجتماعيات والحياة الصعبة والنَّاس المختلفة.

الحسبة هي سوق شعبي، تحسين الطريق والمظلات،

المحلات في الحسبة، والبسطات بتدفع ٢٠ شيكل في اليوم.

بياع خضرة

٤٣، منذ ثلاثين سنة يعمل في بيع الخضرة! كان البيع في الشوارع، الحسبة القديمة كانت تسمح فقط لبياعين الموز فقط.

المهاجرين.

ويشتري معظم البضاعة من اسرائيل وشوي من بيت ليقيا.

ويجيبهم من اسرائيل لأنو ما في حد بزرعها هون بفلسطين.

وبختار الأشياء المميزة لأنو المطاعم كتير يتطلبها، كتب الريحان، الخس الفرنسي وغيرها من الأشياء.

الفرق إنّو كان زمان في عدد بياعين اقل، بكل الحسبة كان في بس ٢٠ بياع، في موسوم العنب كنّا نبيع ٨٠٠ كيلو، هاي الأيام يا دوب ١٠٠ كيلو.

لحام

ستين، ويعمل منذ ٣٧ سنة يعمل في الملحمة.

بشتري اللحمة من البرازيل والدجاج من المزارع المحلية.

الوضع اول كان احلى وأهدى لانه كان هنالك ناس اقل، وكانت رغم الله عبارة عن قرية صغيرة، وما بتعرف الناس، قبل كنت تعرف الناس! كان في ٥٠ سيارة في كل رغم الله.

الحسبة في ألزمنات كانت أحسن، الناس اسهل في التعامل.

والوضع في الحسبة من سيّء لأسوء، كل هاد بسبب إنّو ما في حكومة، وما حد بنظم البلد، مل واحد بشتغل على مزاجو.

عصير سلوادي

المحل بعمل عصير من سنة السبعين وبعمل في المحل من عمر ٧ سنين.

بدرس بنزنس في بيرزيت.

الناس زادت، الناس بتصرف وتآكل برا مش كتب قبل، وصار في مصاري.

ومفتوح ٢٤ ساعة، والفكرة بلشت لما عمو سافر على برا وشاف إنّو الناس بتعمل عصير وكتويلات، واجى واقترح على سيدو وبلشو المحل! وكأنو أو محل.

والنَّاس الي بجو بالليل هم شباب طاشيين.

وفي يومين بالسنة بضل فيهم عصير، يومين العيد لما يسكروا وهون بوزعو العصير على الناس الي في المقبرة.

بياع عصير الزعفران

بياع خروب وتمر من ٨ سنين، كنت اشتغل في مسمكة والشغل لحالك أحسن.

وعمري ٢٩ سنة.

ومبسوط بالشغل لأنو بشوف ناس وبطلع ايمتى ما بدّي وبروح متى ما بدّي واصلي من جنين وبالنهاية أنا حر.

وعاد تقليد سوري، وملابس سورية.

لستُ متزوجًا، وما عندي فرد أسري، وعمري الآن قد اقترب من ستين سنةً. لا أستطيع العمل فأكون في الحالة الصحية السيئة. أعجز عن القيام بأي شيء إلا الاعتماد على دعم الحكومة ومساعدة جيراني.

نابلس/ الضفة الغربية

مصنع أسرتي للصابون هو من أكبر المصانع الثلاثة. وورثت هذا المصنع عن أبي منذ إصابته بالمرض.... لكن أشغاله الآن قد توقفت كليًا، ومازلت تفكر فيما إذا كانت مستمرةً.

الخاتمة ذات الشعور بالعجز العميق

مازال شعوري مملوءًا بالسلبيات والإيجابيات

اضطررت إلى إيقاف رحلتي الطويلة التي قد حددتُ موعدها منذ إبريل عام 2020 جراء اندلاع كوفيد – 19 فجأةً، كأن العالم نقر زر الإيقاف، وذكريات كانت ثابتة في الرحلة الأخيرة التي قد انتهت في يناير عام 2020. مازالت خلايا الجسم كلها تتذكر رائحة تلك الأرض، ولمسة النسيم للشَعر. حينما عدت مجددًا إلى هذه الأرض التي قد اشتقت إليها منذ الزمان في مارس، عام 2023، لم يتحول الصراع والتشابك على الأرض إلى الهدوء جراء كوفيد – 19، وإنما اشتدّ منذ عام 2018. تعرضت للصراعات وإطلاق الرصاص، والهجمات المتبادلة إبان رحلتي قصيرة المدى. لم يحِطني ما شهدتُه إلا بالواقع الحزين.

انتقلت مصحوبةً بالريح من مكان إلى آخر بكوني بدويةً.

هذا هو طريق نفسي، وحياتي.

يبدو أن الرحلة بالذات هي أمر يسير، ويستطيع الشخص في العصر الحديث شراء تذكرة فانطلقت الرحلة متوجهةً إلى المقصد، غير أن رحلة الحياة لا تقتصر على شراء التذكرة...... إذا فتحنا صفحات السجلات التاريخية، وجدنا كثيرًا من الرحالة المشهورين مثل ماركو بولو(Marco Polo, 1254-1324) ، أو ابن بطوطة (Ibn Battuta, 1304-1369)، أو من مثل فا شيان شيوان زانغ، اللذان وصلا

ماشييَن إلى الغرب مطالبةً بالكتب البوذية المقدسة. قد سافرا في أرجاء شتى من العالم طيلة الحياة. من المحتمل أن يستطيع فلانٌ البحثَ عن الذات من خلال السفر وأنا مثل مَن الذي شرع في السير في الطريق دون وعي. وكثير من الناس يحسدون على هذا النوع من أسلوب الحياة دون النظر إلى أنني اضطررت إلى التخلي عن الحياة المستقرة نسبيًا في طريقي المتوجه إلى تحقيق حلمي. إنني على يقين من أن محاولتي النظرة إلى العالم بالقدمين والعينين تكون أكثرَ محاصيل الحياة استكمالًا.

لم أندم على ما قررتُ وأنا في هذا الطريق.

الأرض المقدسة تشبه لغزًا يستعصى على حلّه، ولقد جذبتني إليها بشدة وكنت صغيرةً. أتيحت لي بعض الفرص خلال السنتين الماضيتين في زيارتها، فقررت زيارتها أخيرًا بالرغم من القلق العميق على السلامة. خلال هذه الزيارة، لا أريد تصنيف تنوعات الصراع التي نزلت بالأرض أو تغطيتها بأي كلمة، أو خطاب، أوفكرة، وإنما أود كتابة الحياة الحقيقية الموجودة هنا – وضع سجلات ما حول أرض ذي التعدد دينيًا، وثقافيًا، وتقليديًا. لم أتوقع على الإطلاق أن رحلتي الخيالية وضعتني في حالة الصدمة مثل هذه بعدما عشتُ هنا لفترة من الوقت. كنت أحاول تهدئة نفسي وهضم العواطف المعقدة، والاندماج في الحياة المحلية وكانت المشاعر الغامرة الناتجة عنها تبتلعني كل يوم. لا يريد الناس الذين يعيشون هذه الأرض إلا تاسيس الثقة، وتحقيق العدالة، ومجئ السلام. على الرغم من ذلك، فمازالت أشعر بأنني أجهل بما وقع من الحدث، وأفكر في القضية بشكل طفلي، حتى أعجز عن البدء بكتابتي .مع تجربتي التي

أحاطتني بالمعارف الأكثر، قد نبّهتني إلى أن معرفتي أقل. وإن رحلتى لم تنتهِ بسلاسة إلا بمساعدة الآخرين الكثيرين. ولم أدرِ مرجع فوضى القلب ولم أوضحه إلا بعد مغادرتي هذه الأرض. ويستعصى عليّ وصفُ نزاع الأرض المقدسة إبان آلاف سنة من خلال جملة واحدة، أو فقرة نص واحدة، أوكتاب واحد، وإنما من خلال تجربتي القائمة على استقصاءً أصول النزاع، لأتمنى مجئ السلام. تنفستُ تنفسًا تحريريًا عبر الحدود؛ إلا أن الجو غير الحرّ حاصرني أثناء قدومي إلى المكان الآخر، حيث مازال القيد موجودًا.

الجو سيصبح صحوًا بعد الإمطار

تعالوا!

زُوروا مباشرةً!

نهاية الرحلة سبتمبر، عام 2018

الرحلة الجديدة مارس، عام 2023

(المقطع مختصر من كتاب جو شياو تشي (2018). تجول في الأرض المقدسة: إسرائيل وفلسطين (مقدمة رحلة الآثار العالمية 23)).

الرحلة الجديدة: التحول

مارس، عام 2023

بدا أن كل الأشياء مازالت كما كانت هي عليه في ذكرياتي عند عودتي إلى الأرض المقدسة، حتى وصلت إلى شارع نابلس لركوب الحافلة المتجهة إلى رام الله. عندما عبرت نقطة تفتيش قلنديا، صادفني التوتر الذي اختفى جلب أوتار قلبي مشدودةً وكنت أشهد كل جندي يحمل البندقية ويفتش بجدية إثبات العابر واحدًا فواحد، اقترانًا بالاستجواب أحيانًا. فعبرتُ بنجاح أخيرًا، ثم قابلت بعض أصدقائي بشكل عاجل، سائلةً ما إذا كانوا بخير في فترة ما بين هذه السنوات إبان جائحة كوفيد – 19، وكيف حالهم؟ والثرثرة مثل هذا النوع جعلت أوتار قلبي تشدّ مجددًا وجرّتي إلى التساؤل تفكيرًا: "متى سنتقابل مرة قادمة؟".

بعد عدة أيام، أُستضِفتُ في بيت صديقي، فوصلتني نشرة الأخبار حول مقتل تسعة أشخاص في مخيم جنين من قبل الجيش الإسرائيلي. وقال فرد أسرة صديقي إن" :قد تصاعد النزاع بين الطرفين ".شربتُ الشاي الحار وجلست على درجات السلم خارج البيت ونظرت إلى القمر الصافي اقترانًا بالدردشة مع صديقي. بدا أن كل فوضى قريب منّي وبعيد عنّي على حد سواء، مما جعل أمواج الزفرة تندفع إلى شاطئ القلب. في نهاية رحلتي هذه، قد وصل إليّ الخبر أن اليهودية الإسرائيلية قد انفصلت عن حبيبها الفلسطيني المسلم عاجزة عن الدفاع عن الضغط الأسري والاجتماعي. مع ذلك، فانفصالهما جعلني أتساءل باستمرار" :ما هو قراري إذا كنت على الحال مثلها؟"

من المحتمل أن النزاع والتوتر من هذا النوع جعلانا نثمن كل لحظة من تلاقينا. ومن حسن الحظ أنني أستطيع مجيء البيت المقدس، حيث كنت أفتقد باستمرار. وأتخذ من هذه التجربة جزءًا لا يستغنى عنه في حياتي. وإن كل لحظة من شهادتي وتجربتي هنا تستحق إمساكي النفس لأدلي بعواطفي المتأثرة بهما قائلةً" :تبقى الأرض المقدسة منتماي"

"أبقى أشعر بأنني أنتمي إلى هنا".

參考書目 Reference

一、中文書目 Chinese Reference

方仁杰、倪復生（譯）（2010）。歷史與記憶（原作者：Jacques Le Goff）。北京：中國人民大學。（原著出版年：1992）

方仁傑（譯）（2010）。歷史與記憶（原作者：J. Le Golf）。北京：中國人民大學出版社。

王志弘、李延輝、徐苔玲（譯）（2017）。領域（原作者：D. Delaney）。臺北：群學。（原著出版年：2008）

王志弘、徐苔玲（譯）（2006）。地方：記憶、想像與認同（原作者：T. Cresswell）。臺北。群學。（原著出版年：2004）

王鼎鈞（2005）。關山奪路。臺北：爾雅。

朱筱琪（2021），〈淺談巴勒斯坦藝術語彙的家園與抵抗〉，典藏今藝術投資，347，100-103。

朱筱琪（2022），〈參與介入的可能：翻轉被迫流離失所者的生活空間〉，典藏今藝術投資，358，72-75頁。

朱筱琪（2018）。漫步聖地：以色列與巴勒斯坦。臺北：國立臺北藝術大學。

吳鄭重（2010）。廚房之舞：身體和空間的日常生活地理學考察。臺北：聯經。

馬哈念（2014）。認識以色列：民族、土地、國家。臺北：橄欖。

梁永安（譯）（2010）。薩依德的流亡者之書：最後一片天空消失之後的巴勒斯坦（原作者：E. Said）。臺北：立緒。（原著出版年：1998）

梁瑜（2017）。沒什麼事是喝一碗奶茶不能解決的……：我的人類學田野筆記。臺北：大塊文化。

畢恆達（2000），應用心理研究，第8期，56頁。

許晉福（譯）（2012）。戰食和平：關於戰爭與食物的真實故事（原作者：A. Badkhen）。臺北：智園。（原著出版年：2010）

曾亞雯、王志弘（譯）（2014）。食物：認同、便利與責任（原作者：W. Belasco）。臺北：群學。（原著出版年：2008）

曾亞雯、王志弘（譯）（2018）。饕客：美食地景中的民主與區辨（原作者：J. Johnston, S. Baumann）。臺北：群學。（原著出版年：2008）

黃珮玲、黃恩霖（譯）（2010）。傷心人類學：易受傷的觀察者（原作者：R. Behar）。臺北：群學。（原著出版年：1997）

黃啟峰（2016）。戰爭．存在．世代精神：台灣現代主義小說的境遇書寫研究。臺北：威秀資訊。

鄔昆如（1975）。存在主義透視。臺北：黎明文化。

廖彥博（譯）（2015）。流離歲月：抗戰中的中國人民（原作者：D. Lary）。臺北：時報。（原著出版年：2010）

二、英文書目 English Reference

Abu El-Haj, N. (2001). Facts on the Ground: Archaeological Practice and Territorial Self-Fashioning in *Israeli Society: Archeological Practice and Territorial Self-Fashioning in Israeli Society*. US: The University of Chicago.

Assi, E. (2012). World heritage sites, human rights and cultural heritage in Palestine, *International Journal of Heritage Studies*, 18 (3), p. 316-323.

Bauman, J. (2004). Tourism, the ideology of design, and the nationalized past in *Zippori/Sepphoris, an Israeli national park*. in Y. Rowan & U. Baram (eds.) *Marketing heritage: Archaeology and the consumption of the past*. Oxford, UK: AltaMira Press, pp. 205-228.

Bourdieu, P. (1993), La misère du monde. Paris: Editions de seuil; Translated by P. Ferguson (1999), The Weight of the world: Social Suffering in *Contemporary Society*. Palo Alto CA: Stanford University Press.

Butler, B. (2009). Palestinian Heritage 'to the moment': Archival Memory and the Representation of Heritage in *Conflict. Conservation and Management of Archaeological Sites*, 11 (3-4), p. 236-261.

Dagher, S., David, C., Salti, R., Tohme, C. & Demos, T. J. (2007). Curating Beirut: A Conversation on the Politics of Representation. *Art Journal*, 66 (2), p. 98-119.

De Certeau, M. (1984). *The practice of everyday life*. California: University of California Press.

Egerton, M. (ed.) (1994). *Since Eve Ate Apples*, Portland. OR:Tsunami Press.

Halbwachs, M. (1992*). On Collective Memory*, trans. and ed. by Lewis A. Coser. Chicago: The University of Chicago Press.

Harvey, D. (2008) . The History of Heritage. In B. Graham and P. Howard (Ed.), *The Ashgate Research Companion to Heritage and Identity* (pp. 19-36). UK : Routledge.

Hobsbawm, E. and Ranfer, T. (Eds.) (1992). *The Invention of Tradition*. Cambridge: Cambridge University Press.

Jones, R. (2009). Sovereignty and statelessness in the border enclaves of India and Bangladesh. *Political Geography*, 28(6), p. 373-381.

Latour, B. (2003[1987]). *Science in Action: How to Follow Scientists and Engineers through Society*. US: Harvard University Press.

Macdonald, S. (2005a). Enchantment and its dilemmas: the museum as a ritual site, in M. Bouquet and N. Porto (eds) *Science, Magic and Religion: The Ritual Processes of Museum Magic*. Oxford: Berghahn, pp. 209-227.

Macdonald, S. (2009). *Difficult Heritage: Negotiating the Nazi Past in Nuremberg and Beyond*. London and New York: Routledge.

Mualam, Nir Y. (2015). New Trajectories in Historic Preservation: The Rise of Built-Heritage Protection in Israel. *Journal of Urban Affairs*, 37(5), p. 620-642.

Nora, P. (1989). Between Memory and History: Les Lieux de Mémoire, trans. by M. Roudebush. *Representations*, 26, p. 7-24.

Proust, M. (1913, 1934). *Remembrance of Things Past, Vol. 1*; trans. C. K. Scott Moncrieff. New York: Random House.

Said, E (1999). Palestine: memory, invention and space, in I Abu-Lughod, R Heacock & K Nashef (eds) *The landscape of Palestine: equivocal poetry*. Birzeit: Birzeit University Publications.

Said, E. (1995). Projecting Jerusalem. *Journal of Palestine Studies*, XXV (1), p. 159-171.

Said, E. (2003). *Freud and the non-European*. London: Verso.

Shahar Shilo & Noga Collins-Kreiner (2019). Tourism, heritage and politics: conflicts at the City of David, Jerusalem. *Asia Pacific Journal of Tourism Research*, 24(6), p. 529-540.

Smith, L. (2007). Empty gestures? Heritage and politics of recognition, in H. Silverman and D. F. Ruggles (eds.) *Cultural heritage and human rights*. NY: Springer, pp. 99-114.

Taylor, Evan P. (2015). Alternate Routes: Interpretive Trails, Resistance, and the View from East Jerusalem. *Journal of Community Archaeology & Heritage*, 2(2), p. 106-120.

Theophano, J. (2003). *Eat My Words: Reading Women's Lives Through the Cookbooks They Wrote*. UK: St. Martin's Griffin.

Till, K.E. (1999). Staging the past: landscape designs, cultural identity and Erinnerungspolitik at Berlin、s Neue Wache. *Ecumene* (6:3), 251–80.

Waterton, E., and S. Watson. (2014). *The Semiotics of Heritage Tourism*. Bristol: Channel View Publications.

Winegar, J. (2008). The Humanity Game: Art, Islam, and the War on Terror. *Anthropological Quarterly*, 81(3), p. 651-681.

Young, J. E .(1994). *The Texture of Memory*. US: Yale University Press.

Young, J. E. (2016). *The Stages of Memory : Reflections on Memorial Art, Loss, and the Spaces Between*. US: University of Massachusetts Press.

三、網路資料 Online Reference

1966 Antiquities Law [Online]. Available at https://www.riwaq.org/sites/default/files/pdfs/1966%20ANTIQUITIES%20LAW%20.pdf (Accessed: 2023.05).

Al Hoash Galley (2006). Al Hoash Gallery: RE/viewing Jerusalem #2: Return [Online]. Available at https://www.youtube.com/watch?v=69_RNJJUG_U (Accessed: 2020.05)

Emek Shaveh (2013). From Shiloah to Silwan – A Visitor's Guide [Online]. Available at https://alt-arch.org/en/from-shiloah-to-silwan-a-visitors-guide/ (Accessed: 2020.05).

Emek Shaveh (2019). Information for visitors to' the City of David National Park [Online]. Available at https://alt-arch.org/en/wp-content/uploads/2019/12/visitors_info_web_eng.pdf (Accessed: 2020.05).

H（2023），〈耶路撒冷現場：到處都是密不透風的邊界，還有分割一切的牆〉，取自 https://theinitium.com/article/20231009-international-jerusalem-live-report（2023.10）。

Historic Jerusalem [Online]. Available at https://www.jmberlin.de/en/historic-jerusalem-14-19 (Accessed: 2023.09)

Map of Ancient Palestine [Online]. Available at https://cintayati.files.wordpress.com/2014/09/letts-popular-atlas-ancient-palestine.jpg (Accessed: 2020.05).

Petti, A. (2017). The Architecture of Exile IV. B, [Online]. Available at http://www.e-flux.com/architecture/refugee-heritage/ (Accessed: 2023.09)

RIWAQ & Birzeit University (2006). New Antiquities Law Draft [Online]. Available at https://www.riwaq.org/sites/default/files/pdfs/draft_law.pdf (Accessed: 2023.05).

Seven injured during Israeli raid on Am'ari camp, Ramallah [Online]. Available at https://altahrir.wordpress.com/2018/06/13/seven-injured-during-israeli-raid-on-amari-camp-ramallah/ (Accessed:2023.09).

UNESCO Memory of the World Programme [Online]. Available at http://www.unesco.org/new/zh/communication-and-information/memory-of-the-world/about-the-programme/ (Accessed: 2023.09)

Wang, S. L. (2014). Heritage, Archaeology, Nationalism and Cosmopolitanism: Israel, Biblical Archaeology and Dead Sea Scrolls [Online]. Available at https://guavanthropology.tw/article/6058 (Accessed: 2020.05).

聖經查詢閱讀系統（第二版），取自 http://springbible.fhl.net/Bible2/cgic201/index.html（2023.09）。

視野之外，鏡頭之內｜Photography

在那路撒冷古城的日常，平常不過
買菜、煮飯與家人朋友聚會

GOLDEN
HOSTEL

مشروبات باردة وسا
قهوة - شاي
سجائر

POLICE

BAB HUTTA st

看似平靜，卻也波濤洶湧

SINDYAN
Restaurant & Cafe
لاكوستا كافيه
LA COSTA COFFEE
arseem

Laughing on the
outside, crying on the
Inside
5

Torn apart
DID YOU LEARN NOTHING FROM WARSAW GHETTO?
info@aeicenter.org
Tel-02-2744030

MAKE
HUMMUS
NOT WALLS
Dreamind
Iraq
SOZI
36
WROCLAW

平淡日常
卻是最得來不易

遊走邊緣的國度：那些被遺忘的流亡行李—巴勒斯坦

The Forgotten Heritage in Palestine

作者	H	協力編輯	R、Y
阿拉伯語翻譯	Y	設計	H
特別感謝	致生活於那塊土地的 A、M、I 與 O 致提供本文照片與圖的提供者		
出版者	難民路徑 Refugee Path (fb.com/refugeepath)		
出版日期	二〇二三年十二月		
ISBN	978-626-98111-0-6 （平裝）		
印刷協力	昌傑印刷公司		
定　　價	新台幣 350 元		

國家圖書館出版品預行編目(CIP)資料

遊走邊緣的國度：那些被遺忘的流亡行李：巴勒斯坦 = The forgotten heritage in Palestine/H 作. -- 新北市 : 難民路徑, 2023.12。
356 面：14.8 x 21 公分
部分內容中文、英文、阿拉伯文對照
ISBN 978-626-98111-0-6 (平裝)
1.CST: 旅遊文學 2.CST: 種族衝突 3.CST: 民族文化 4.CST: 巴勒斯坦
735.29　　112020562

本書榮獲國家文化藝術基金會贊助出版